AF411582

ASSOCIATED NOSTALGIA

Eugenia Maximova

LA FABRICA

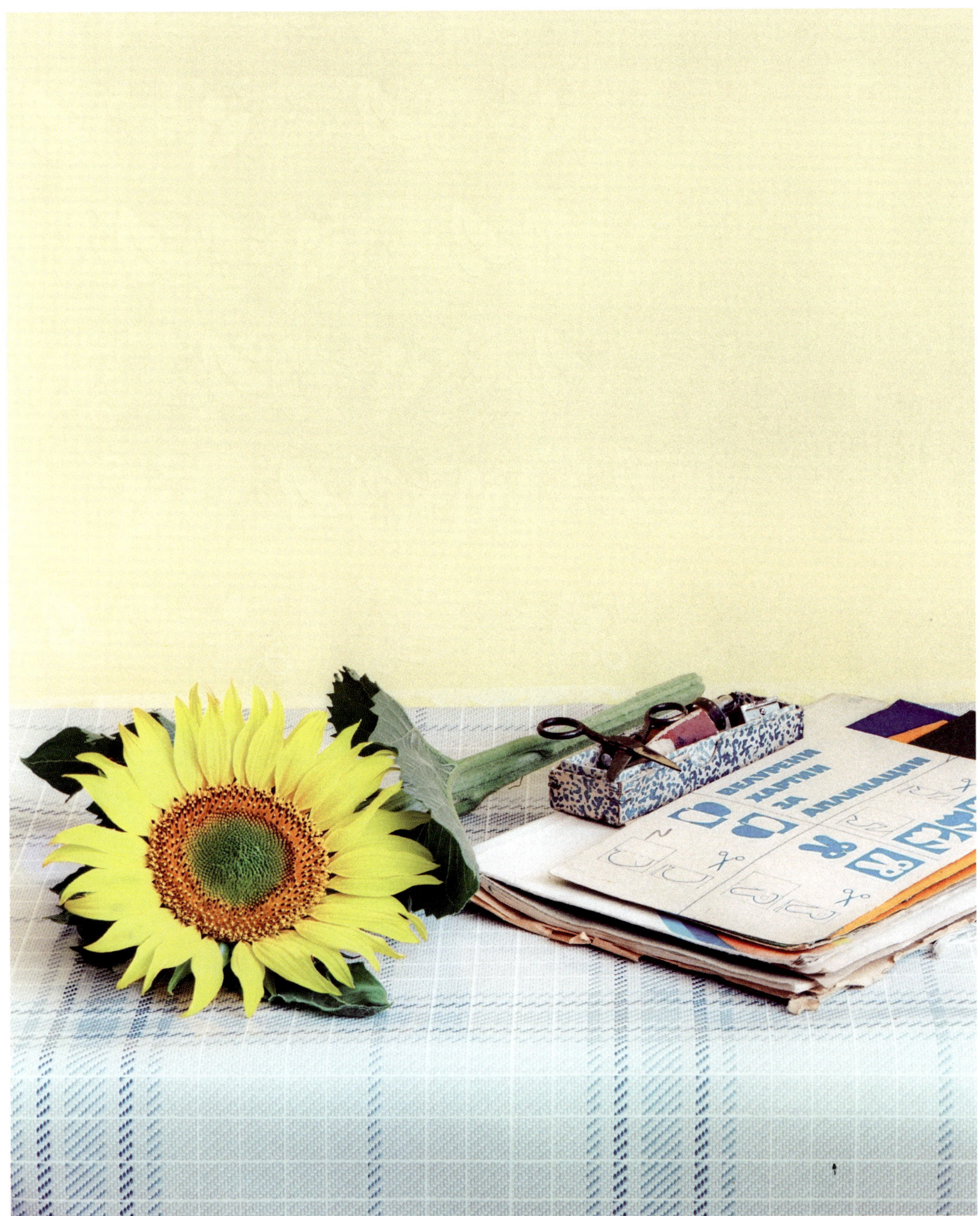

¿Cómo elogiar implícitamente el kitsch en imágenes elegantes, luminosas, levemente jocosas, brillantes, sin efectos? Eugenia Maximova contesta esta pregunta sin aparente dificultad en una serie de naturalezas muertas —aunque quepa preguntarse si están verdaderamente muertas, pues las atraviesa un vital soplo venido de lejos—, bodegones que dan la voz a pequeños objetos decorativos que conoció en los interiores de las casas de su infancia, en Bulgaria, al otro lado del Telón de Acero. Jarrones, figuras de cristal, de vidrio labrado o de cerámica pintada, flores y frutas de plástico; el orgullo de familias que proyectaban en esos modestos bibelots, amorosamente colocados sobre paños o guardados en vitrinas, sus sueños y sus anhelos de un «lujo» modesto.

Al instalar todos estos objetos sobre hules *vintage* —utilizados como fondo junto con papeles pintados de época que también hablan del deseo de «modernidad»—, Eugenia Maximova sigue, en otro modo, los pasos de la gran serie para la que inventó el territorio culinario que su primer libro habita, *Kitchen Stories From the Balkans* [Historias culinarias de los Balcanes]. Volvemos a encontrar la precisión en el encuadre, el sentido de la composición, la delicada pertinencia de una paleta que se nutre de la luz natural. Hallamos de nuevo la extraña sensación de tiempo inmóvil, fijado a la vez en un pasado que somos incapaces de datar con exactitud y repentinamente reactualizado por la fotografía. Gustan desde el primer momento esas organizaciones formales y los diálogos entre fondos y objetos, que crean una estética —sin juzgarla jamás, limitándose a hacerla patente— y, a la vez, una relación íntima con la historia.

De eso se trata, finalmente. De esa nostalgia contenida en el título, que recuerda a la infancia del autor, a su día a día, a su abuela, que fue quien cultivó la sensibilidad de Eugenia hacia todos esos objetos atesorados, como ya antes había fomentado en ella el sentido y la atención en la cocina. La niña no solo veía esos objetos decorativos en su casa, sino en la de amigos de la familia y vecinos. Eran, así pues, testimonios familiares, cómplices a su manera. El retrato, en fin, de una infancia en los tiempos del comunismo.

En las fotografías, los objetos pierden la función decorativa y se convierten en elementos de fabricación o reconstrucción depurada de un mundo que ya no existe. Son materialización del recuerdo y se les debe valorar no tanto como *souvenirs* ni por su valor material, sino por los sentimientos que son capaces de vehicular. Sentimientos dulces, calmos: música ligera de objetos para un leve vals de los colores. Objetos que hablan de una belleza profunda y nostálgica. La belleza del tiempo que fue y que no habría que olvidar, negar ni desterrar.

Christian Caujolle

How can we implicitly praise kitsch - in images which are elegant, bright, somewhat humorous, shiny and unaffected? Eugenia Maximova resolves this issue without apparent difficulty in a series of still lifes – although one wonders if these really are still lives as they are touched by a breath from afar - breathing life into the collection of small decorative objects which characterised the interiors so familiar to her as a child, in Bulgaria, behind the Iron Curtain. Vases and figurines in crystal or fretted glass and in colourful ceramic, plastic flowers and fruit, proud possessions of those who in times of deprivation projected onto these modest trinkets, precisely laid out on a cloth or displayed in a cabinet, their dreams and desire for a little modest «luxury».

Placing these items today on vintage oilcloth – used as a backdrop along with vintage wallpapers which also convey a desire for "modernity" - Eugenia Maximova follows, in a different way, the steps of the great series where she invented a culinary territory for her first book, *Kitchen Stories from the Balkans*. We rediscover the precise framing, the sense of composition, the delicate relevance of the pallet lit up by the daylight. We feel once again that strange sense of time stood still, while simultaneously frozen in a past that we are unable to date precisely, and which has suddenly been brought up to date through the photography. One begins to love these formal organizations, these dialogues between background and object which also relate an aesthetic tale - which they do not judge, but merely clarify - as well as their intimate relationship with history.

Because in the end this is what it is all about. This nostalgia implied in the title recalling the author's childhood, her day to day surroundings, her grandmother who while giving her a feeling and a special affinity for the kitchen also made her sensitive to these objects which she herself so cherished. These trinkets which the girl could see not only in her own family home but also when she visited friends and neighbours, became family witnesses complicit in their own way. They are also the portrait of a child under communism.

In the current photographs, they lose their mere decorative function becoming parts of the manufacturing or refined reconstruction process of a world that no longer exists. They are the embodiment of a memory and their value lies not in themselves as such, not in their value as objects, but in the feelings they are able to convey. Sweet, soothing feelings, a tiny melody of objects in the light for a dainty waltz of shades. Thus they speak of a profound and nostalgic beauty. A beauty from times gone by and that we should not forget, deny or discard.

Christian Caujolle

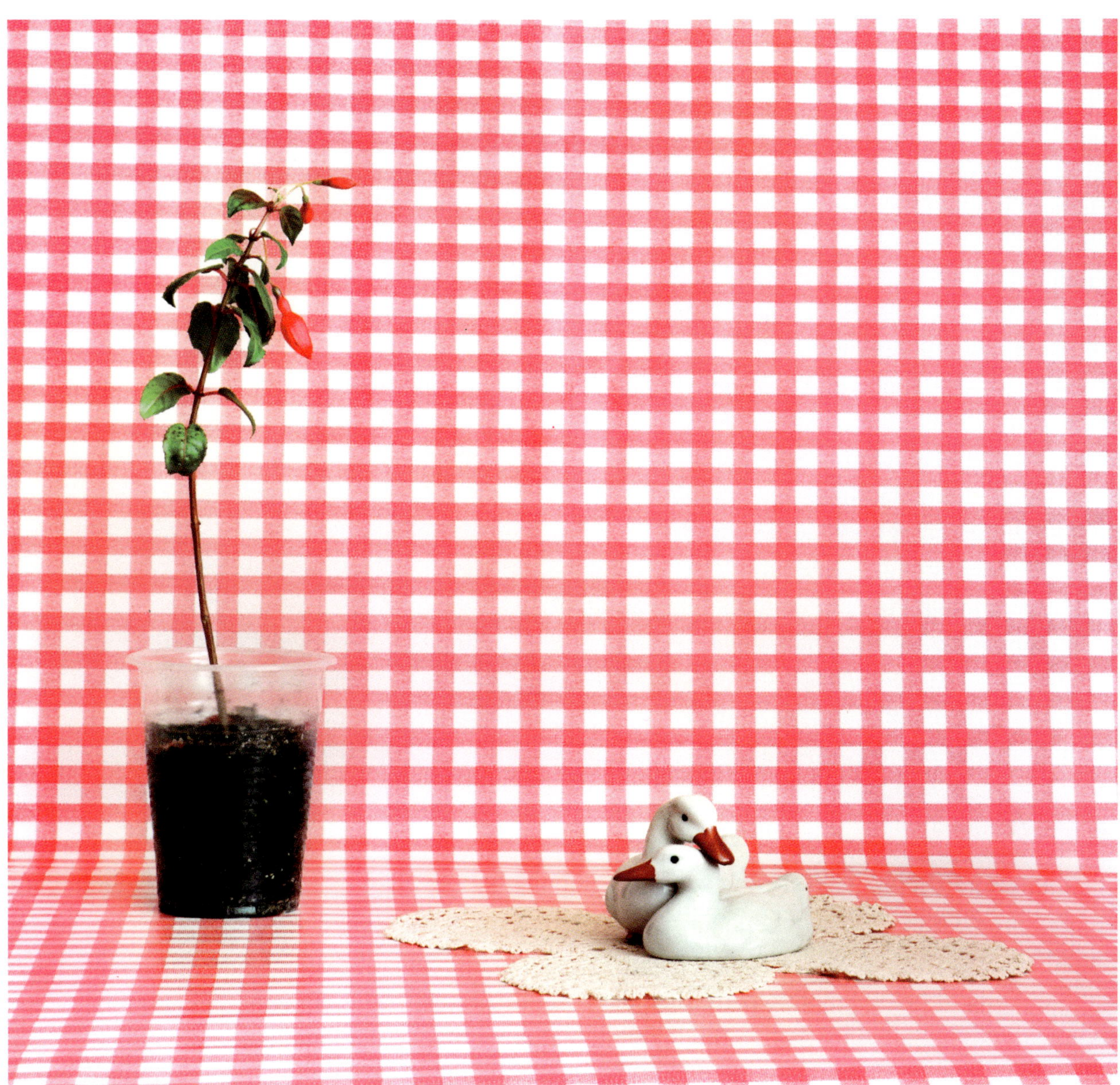

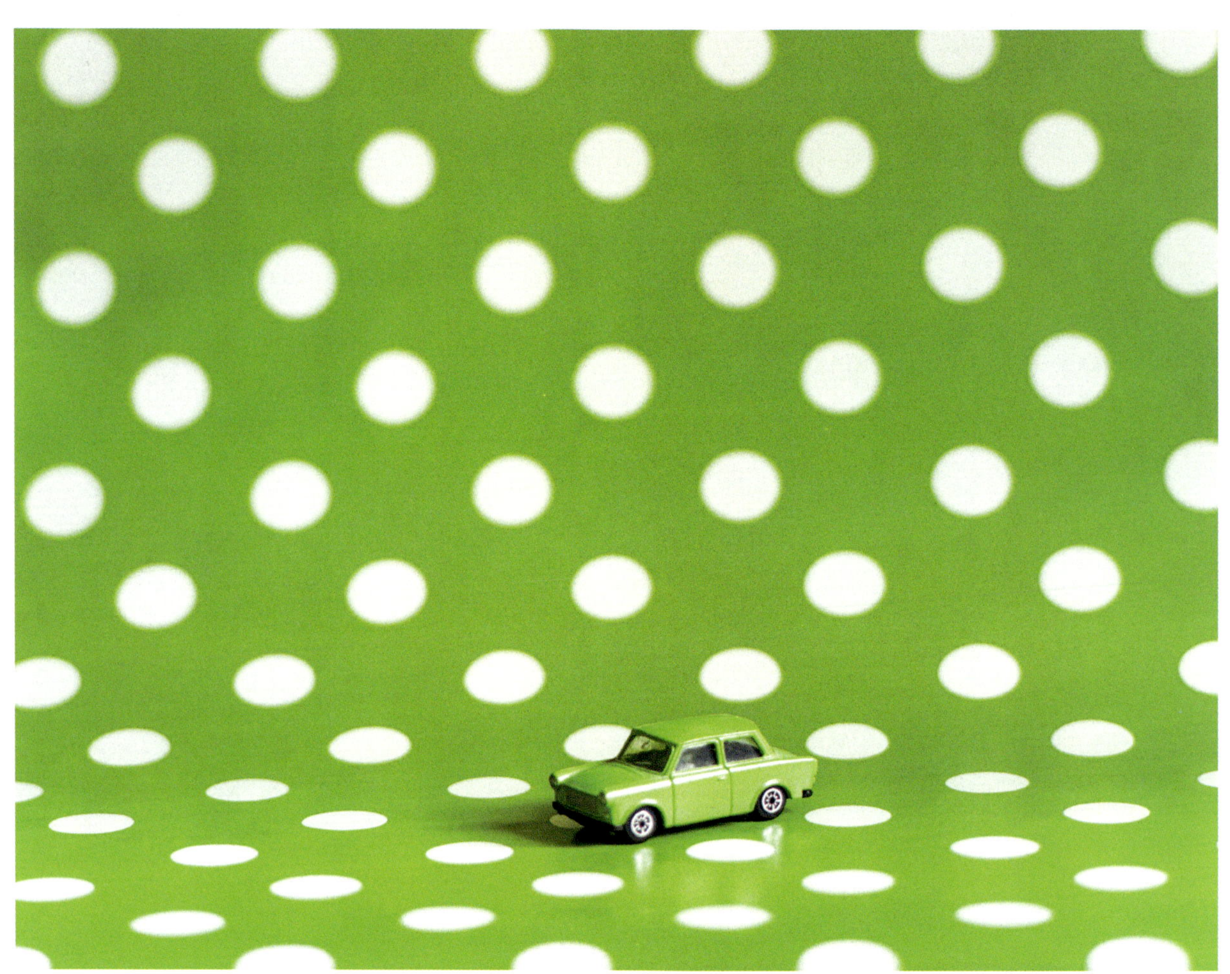

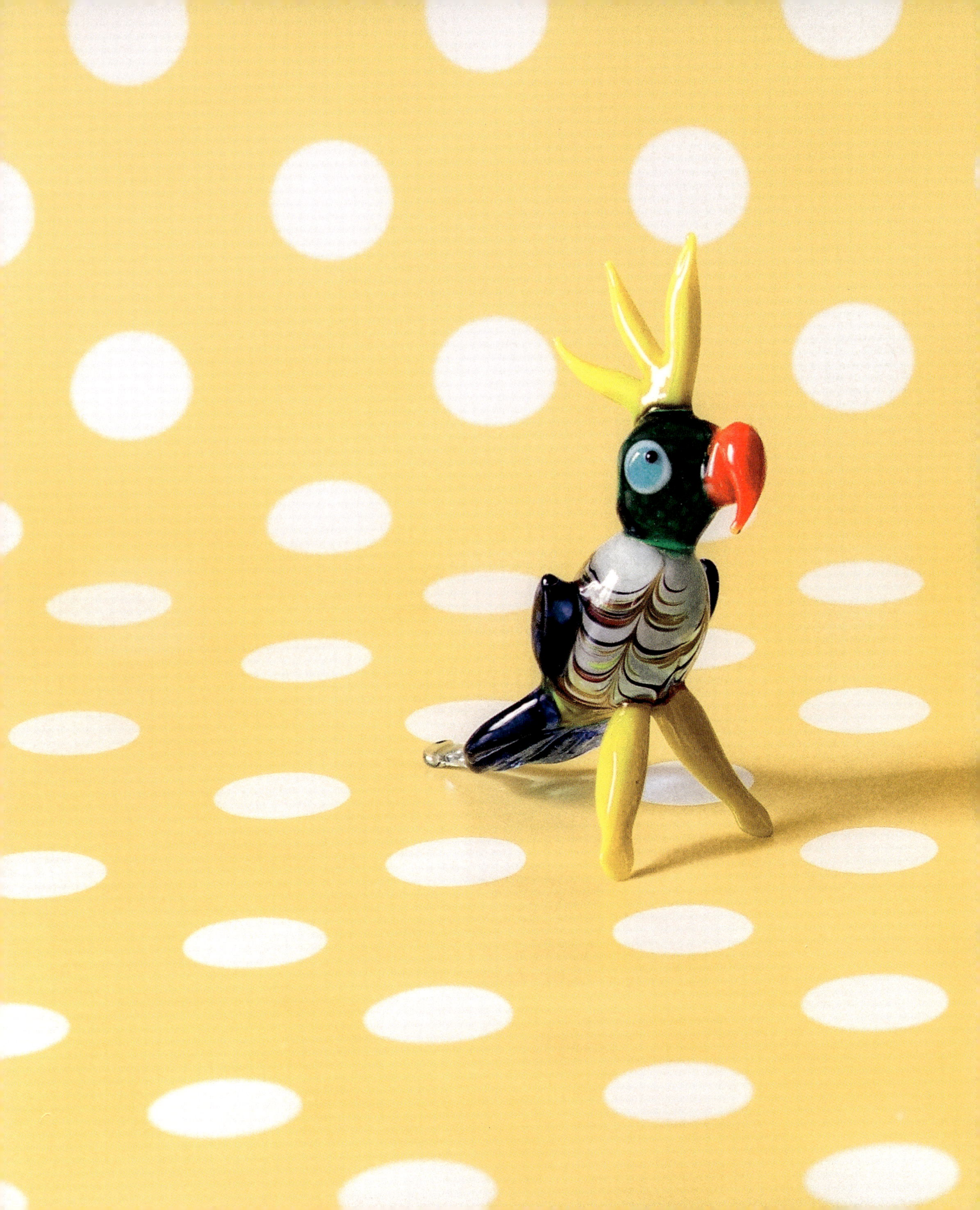

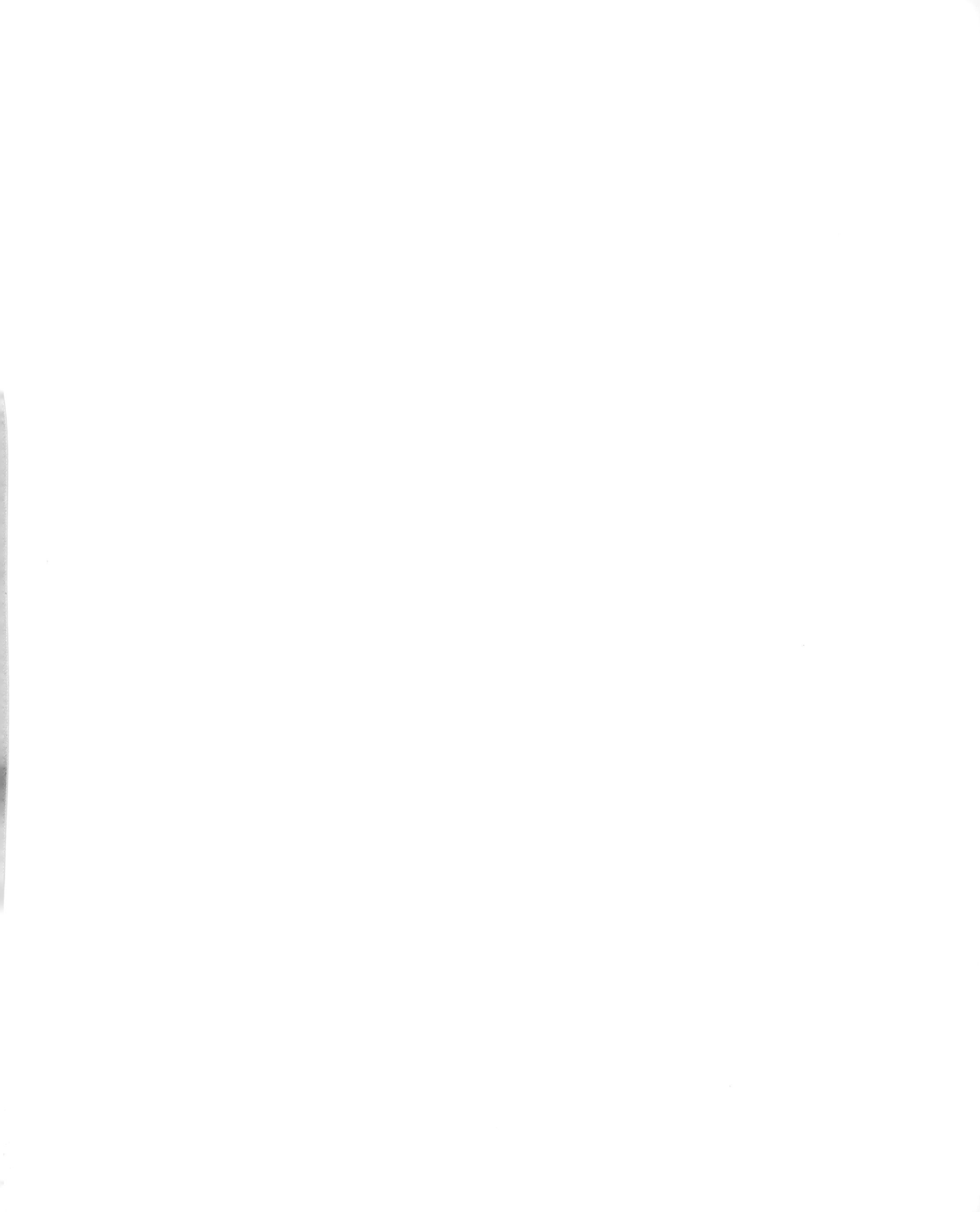

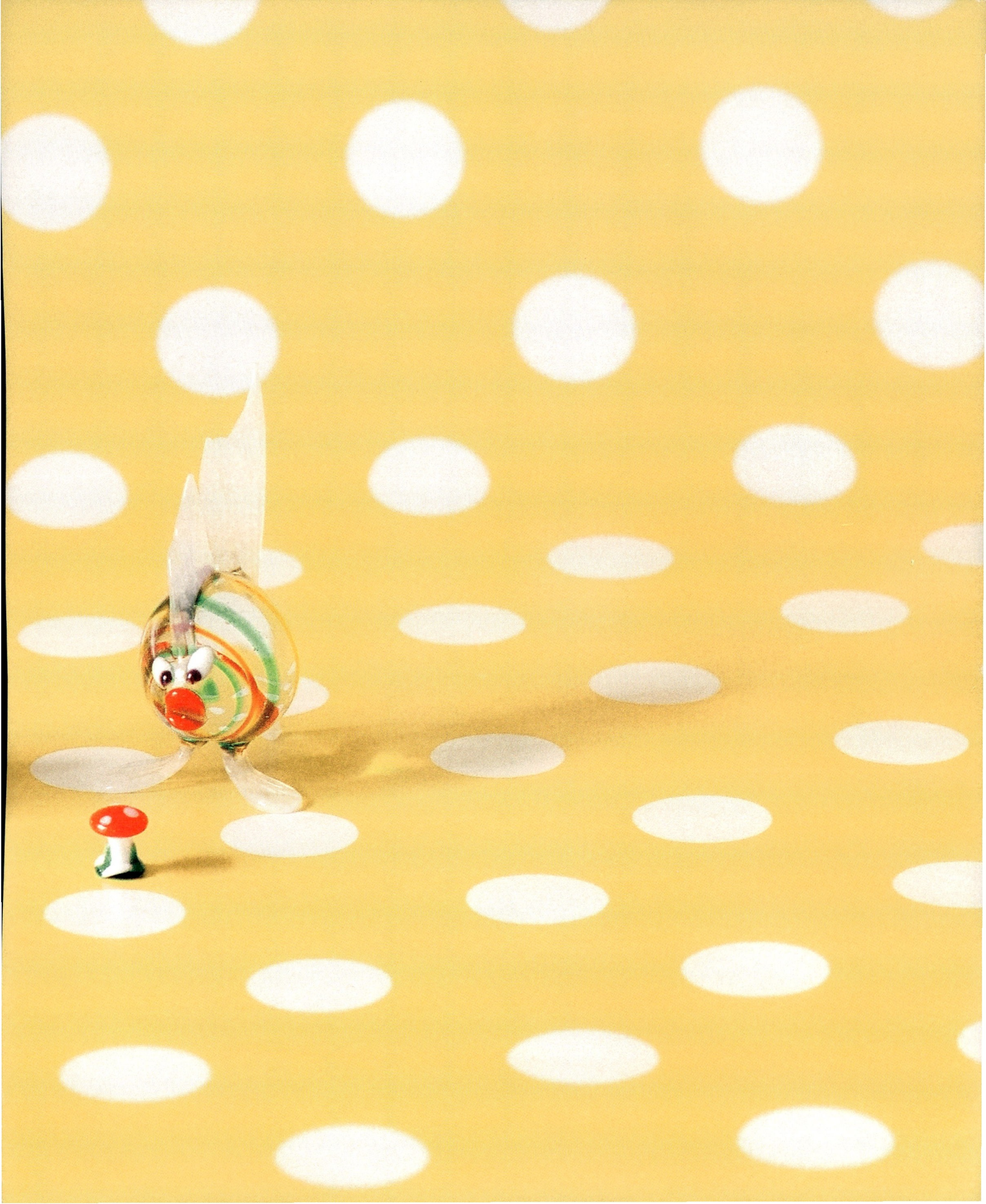

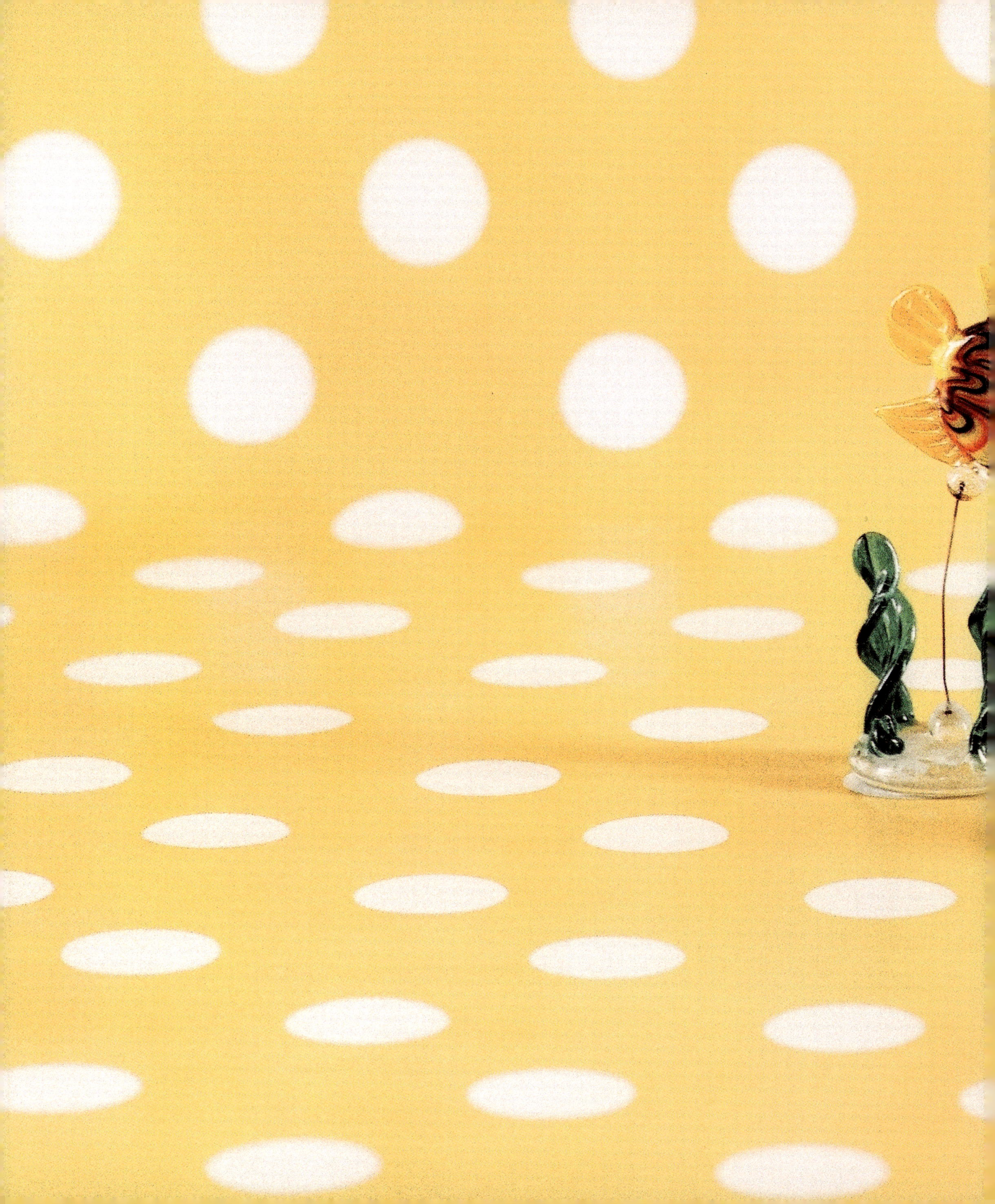

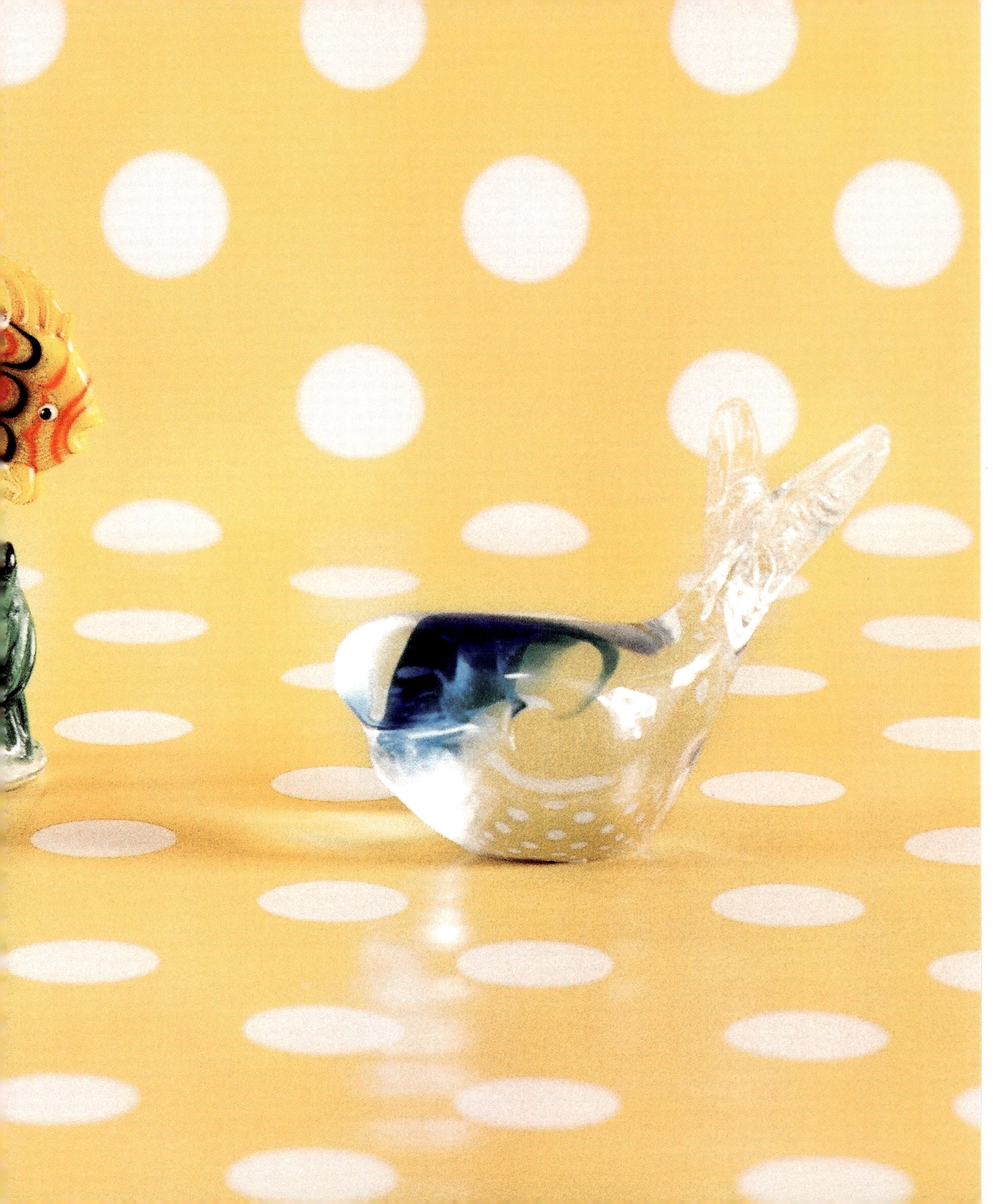

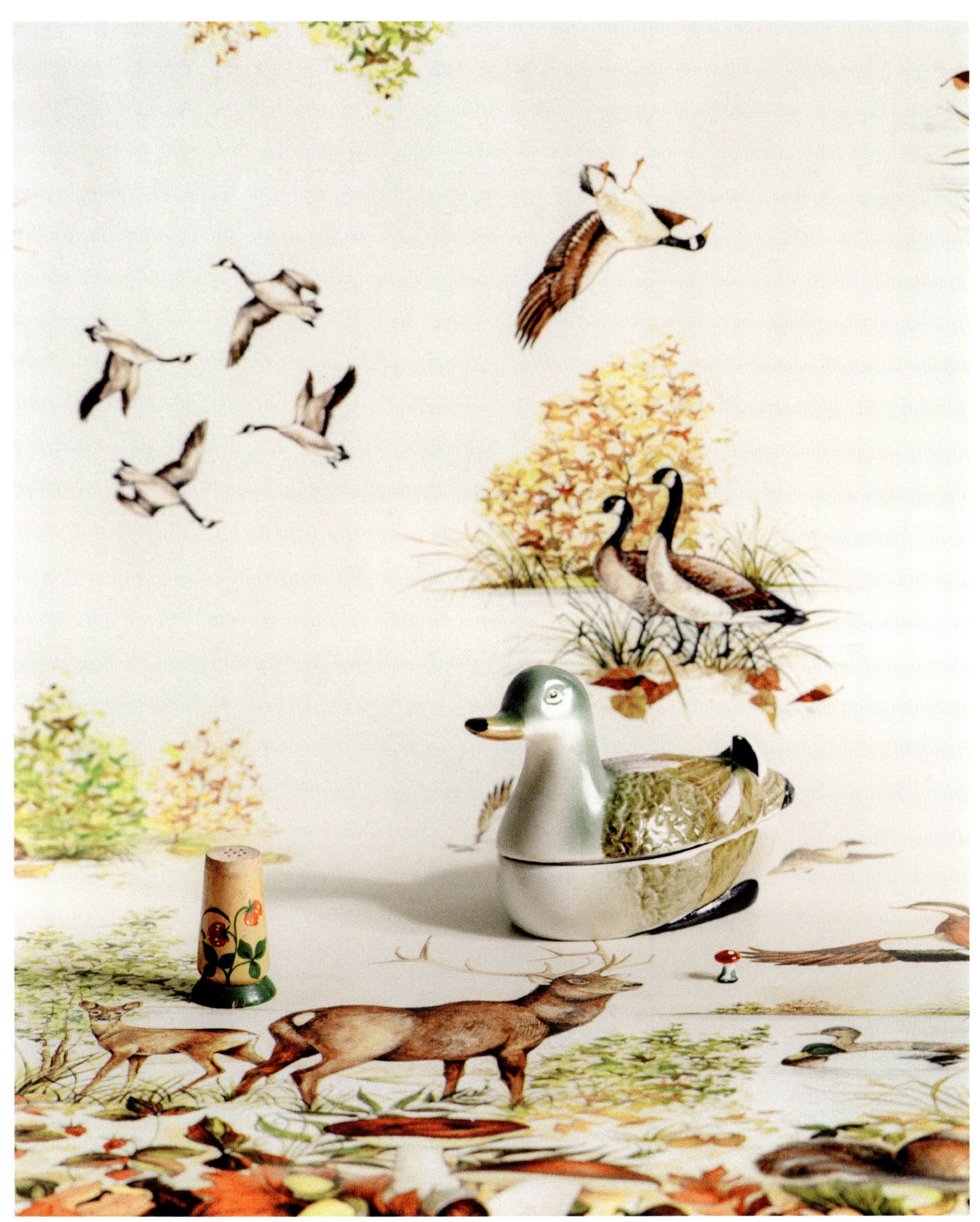

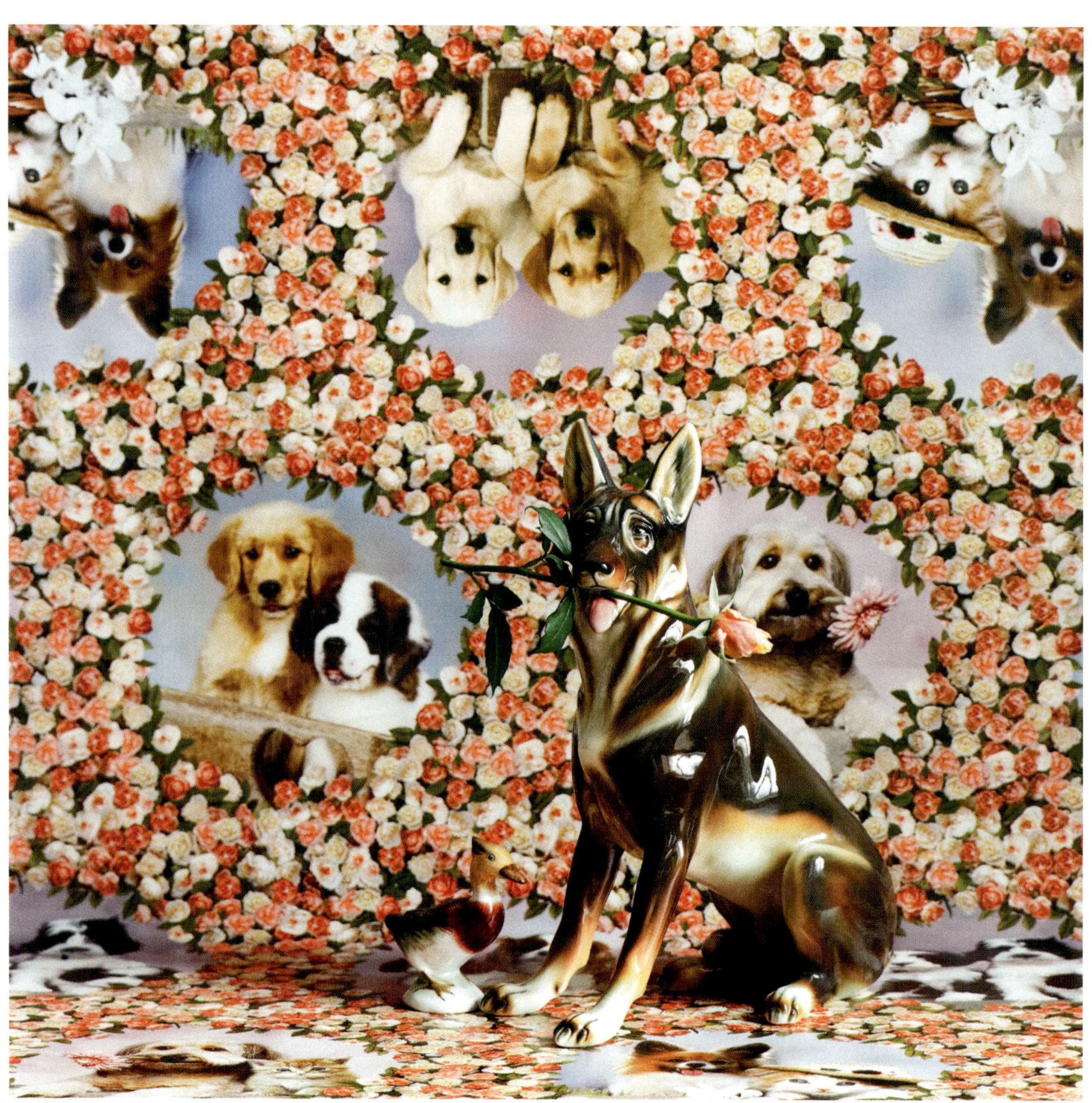

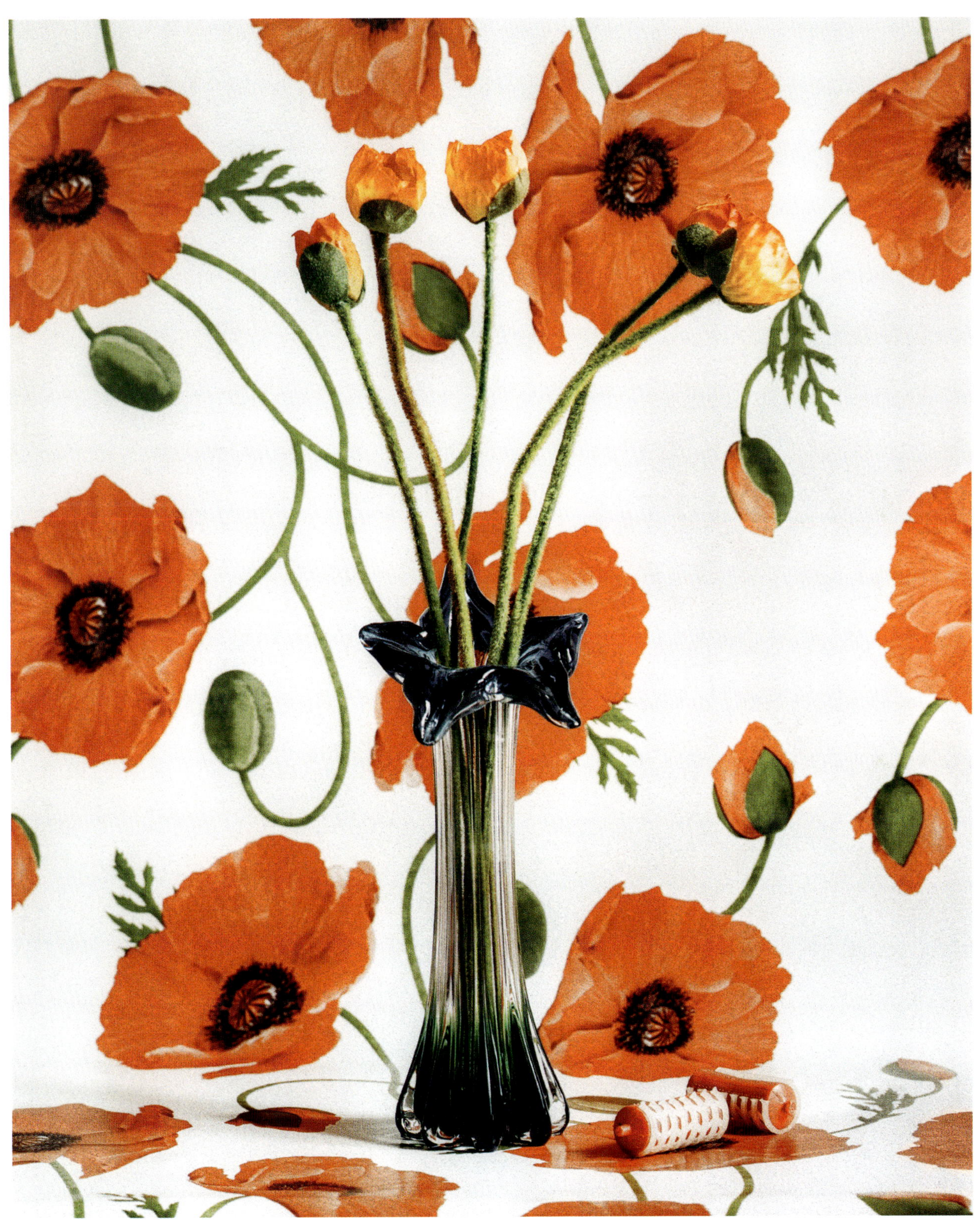

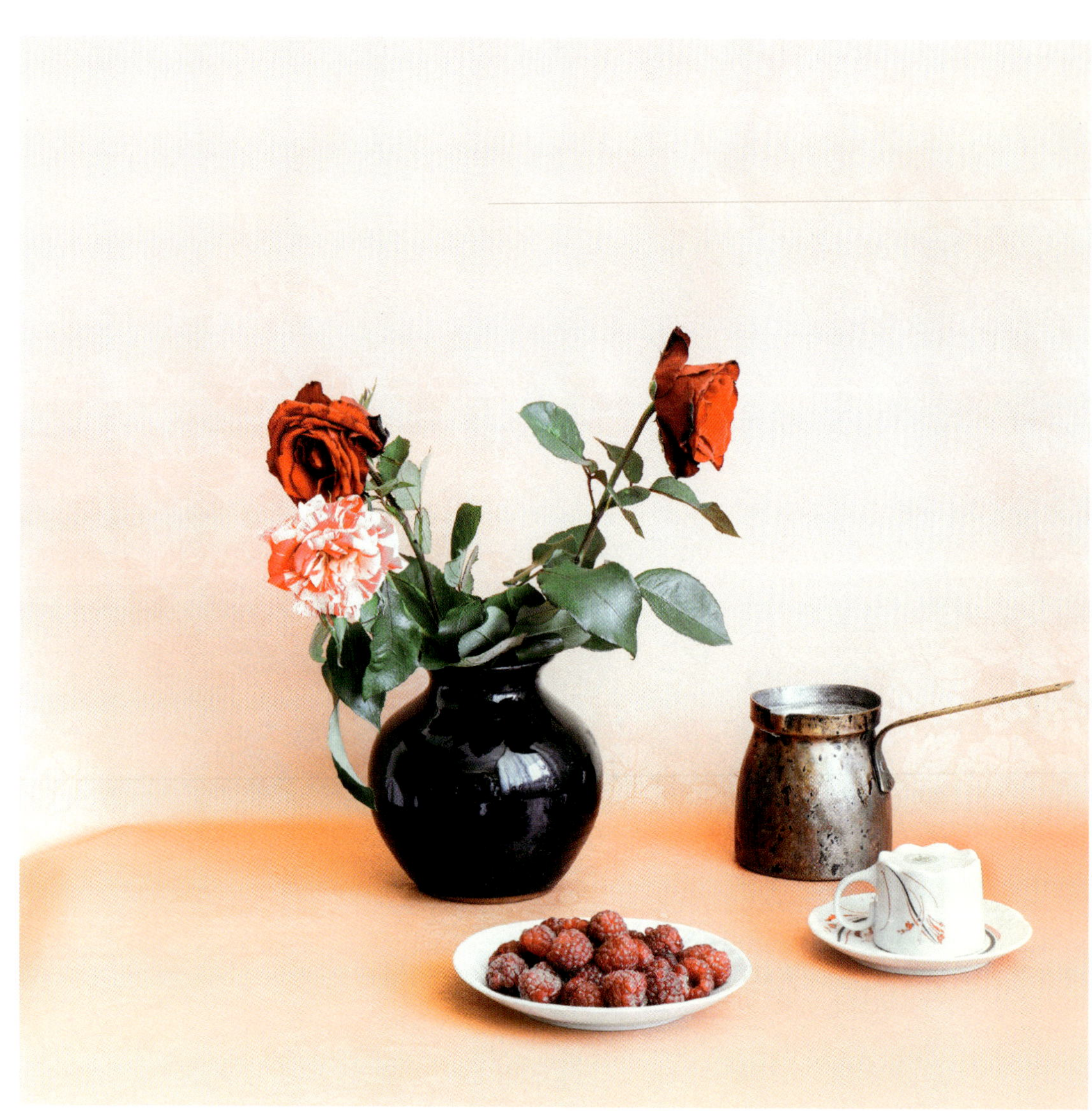

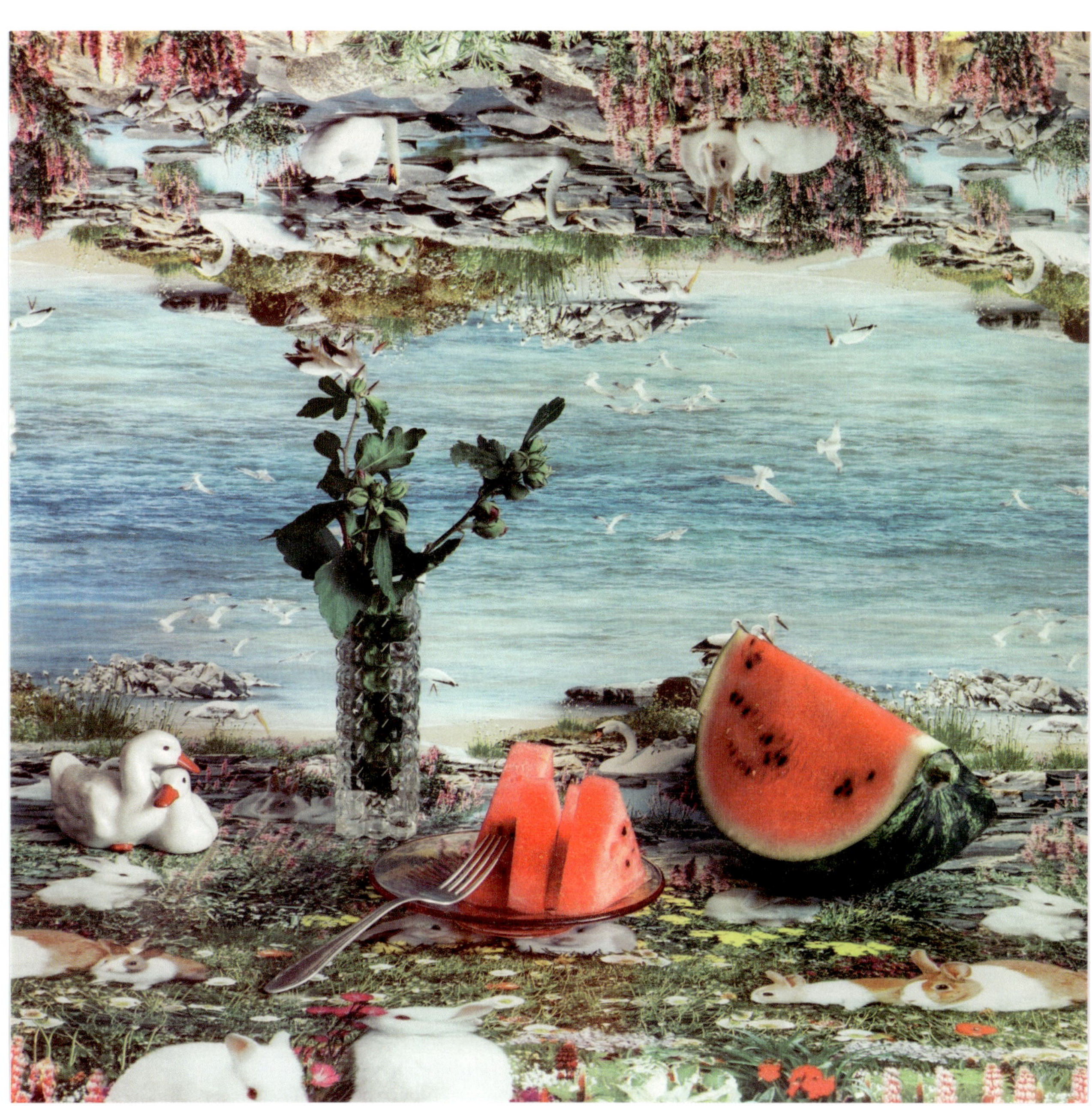

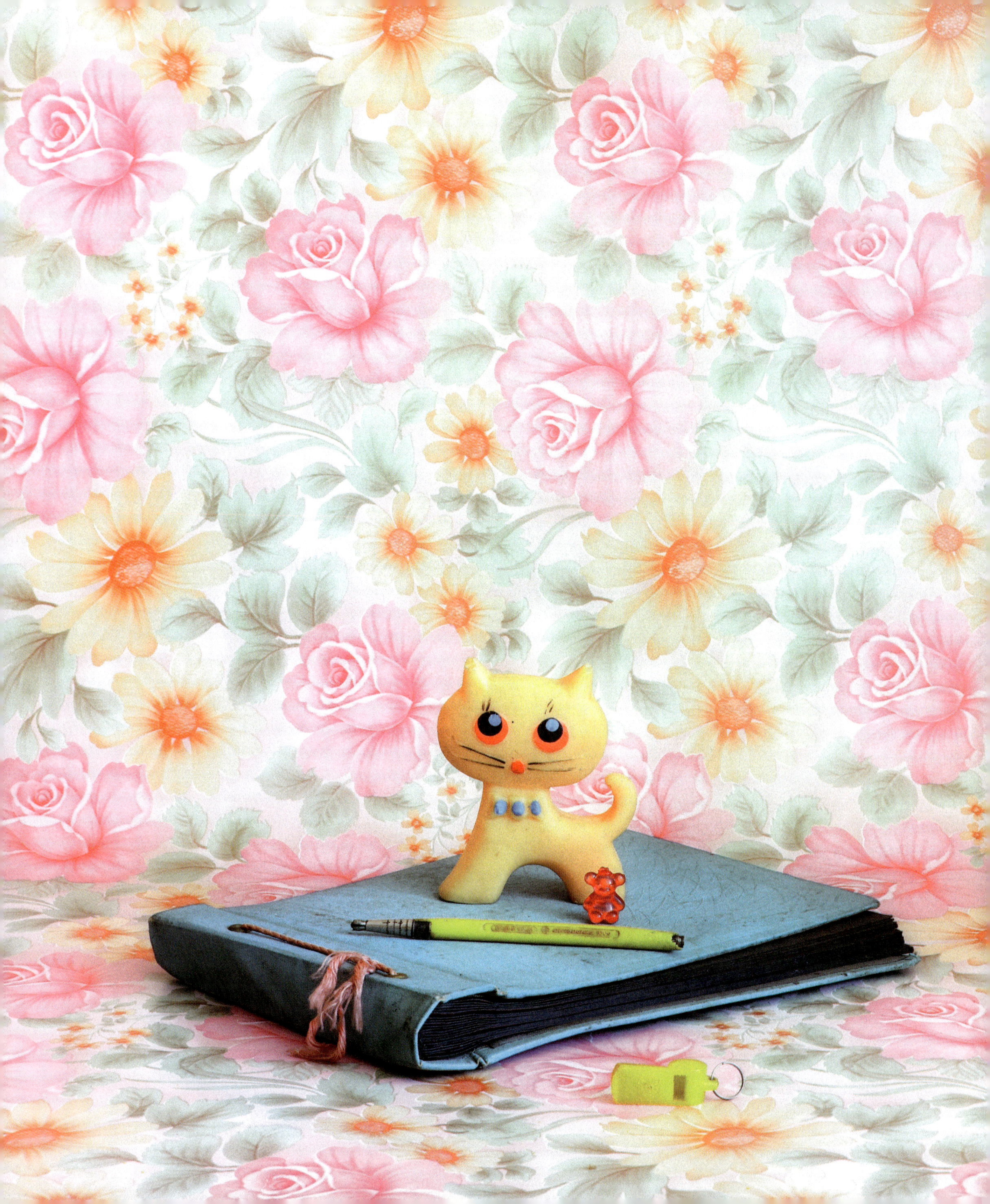

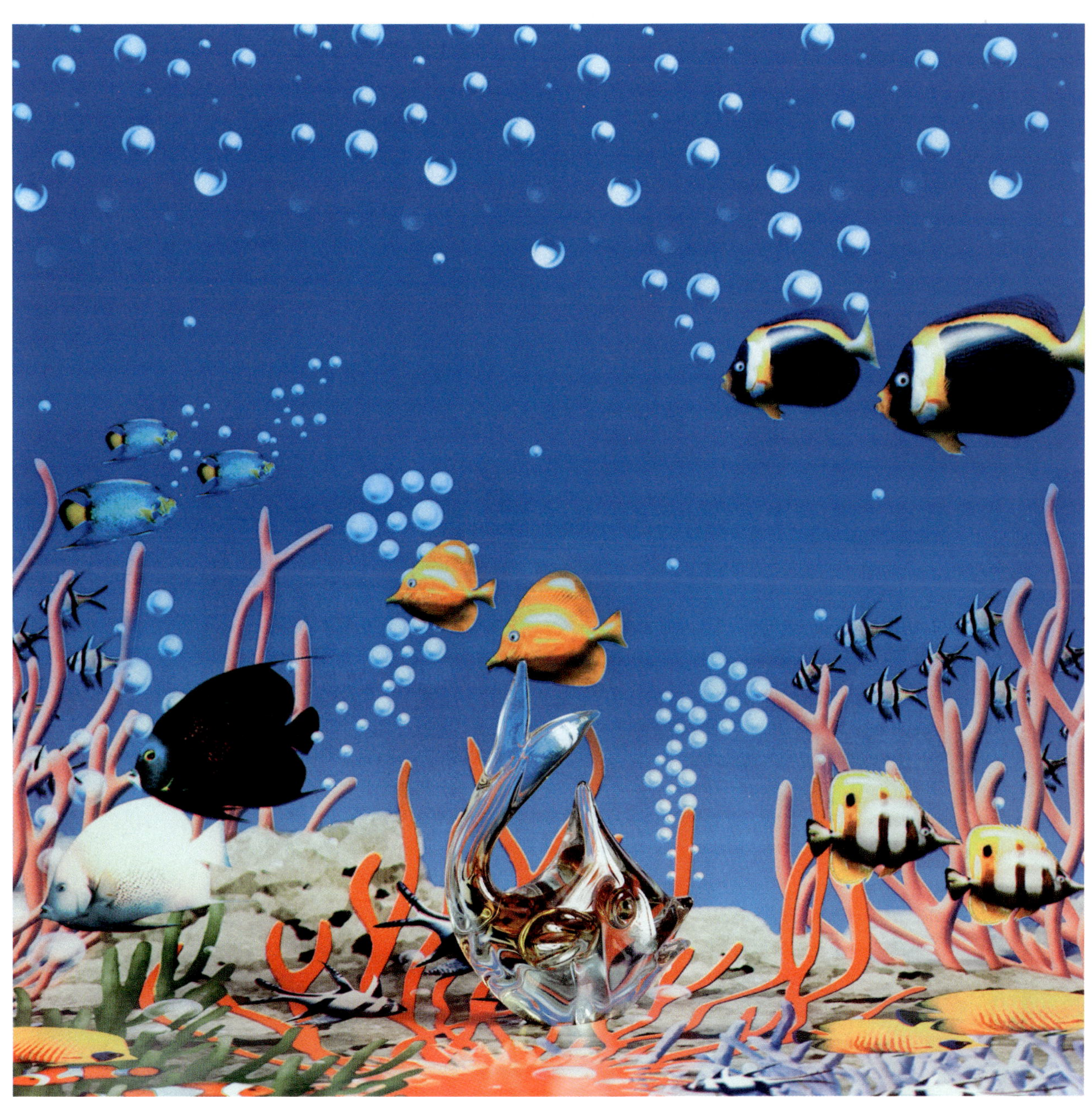

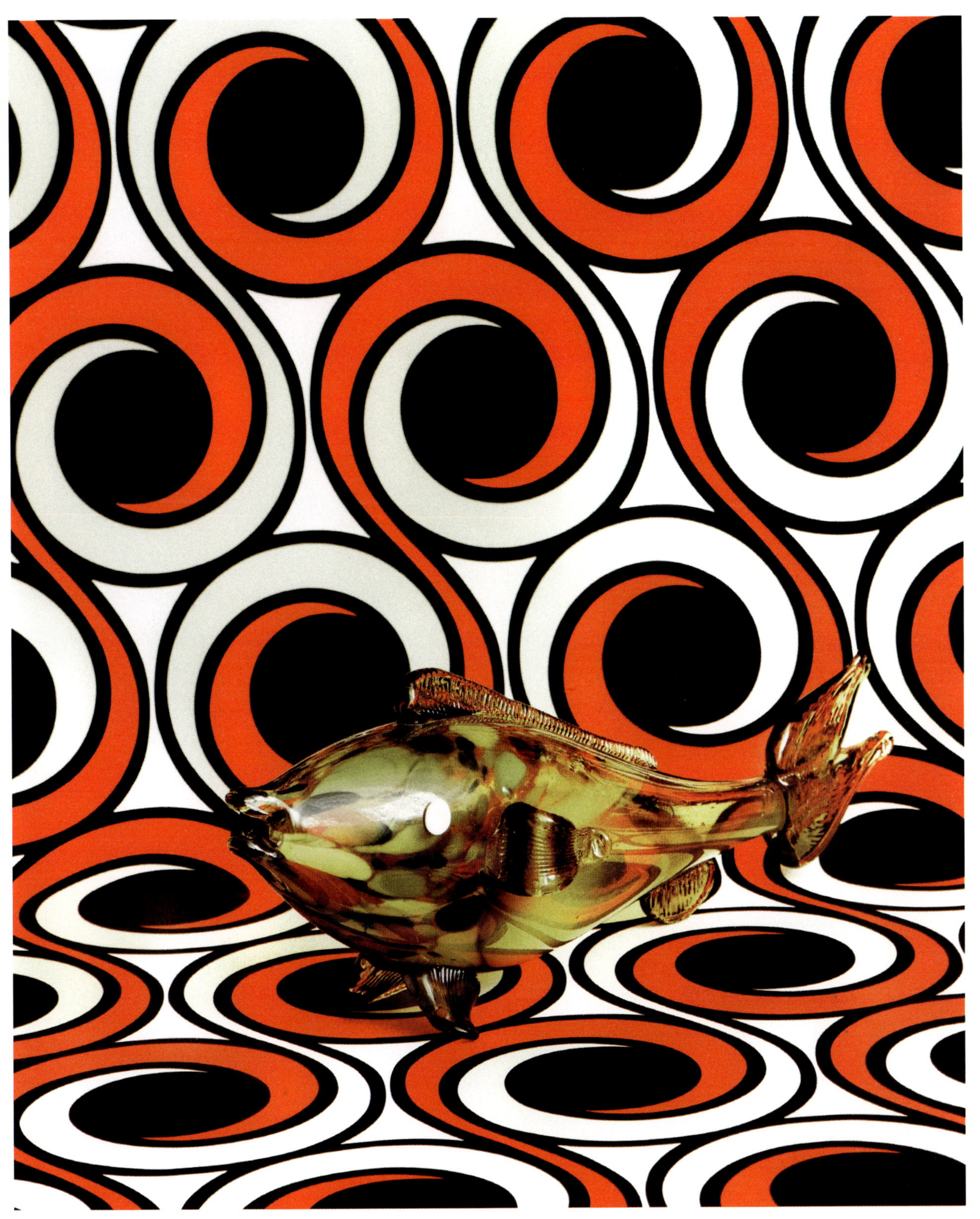

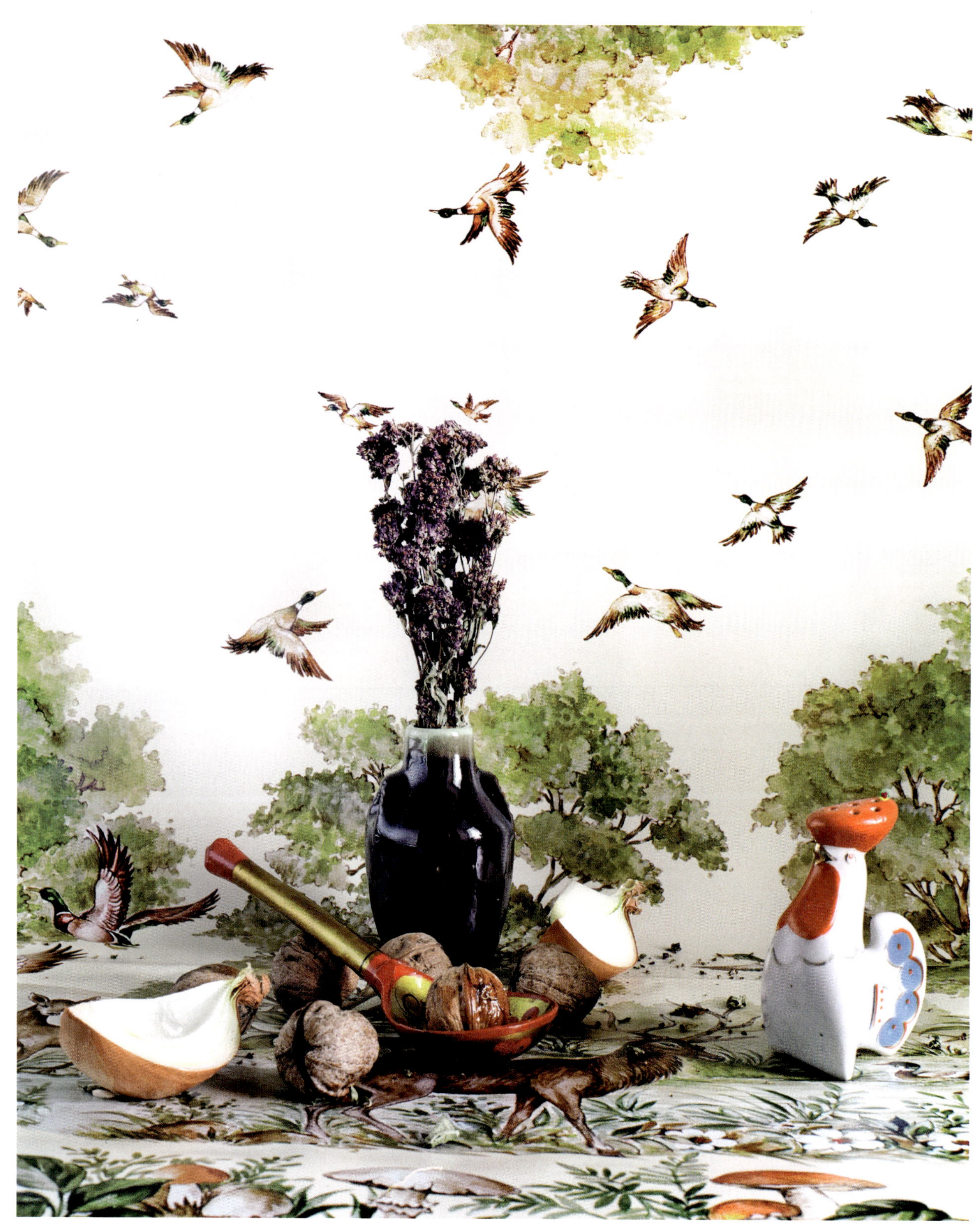

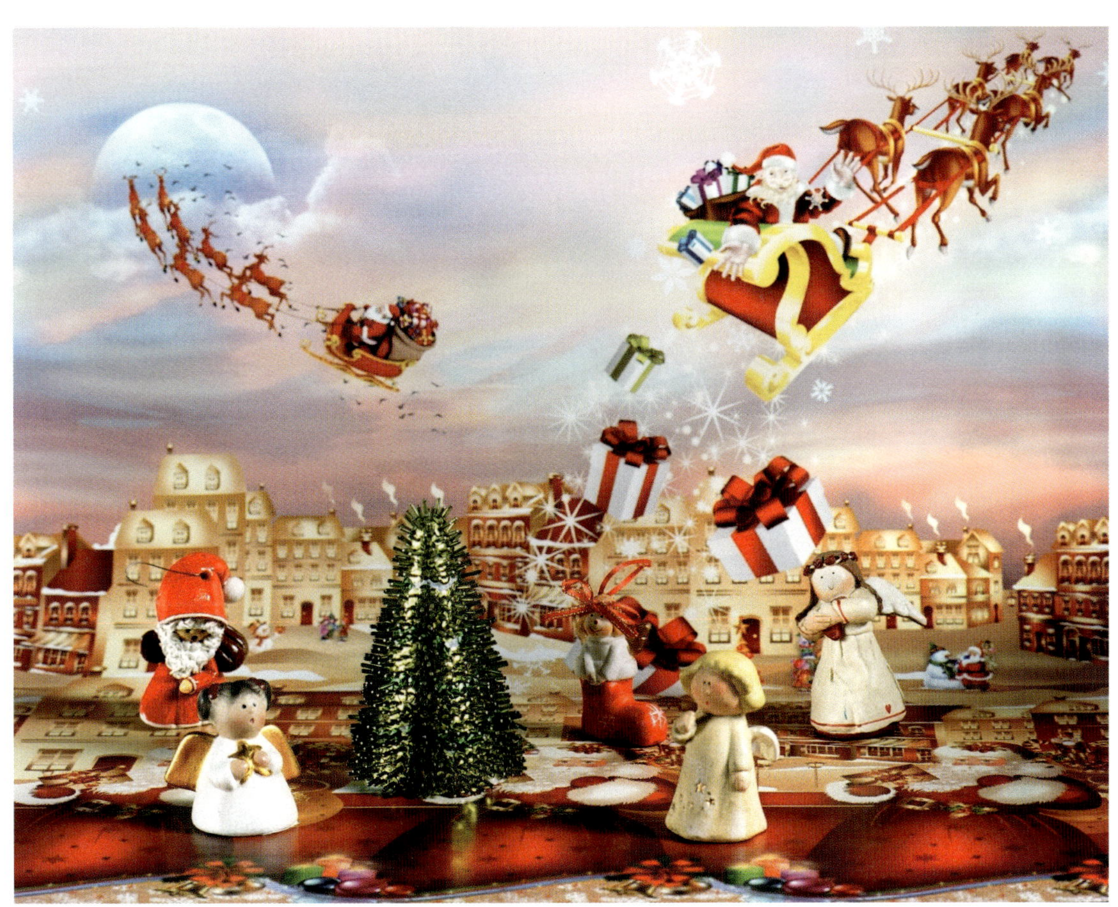

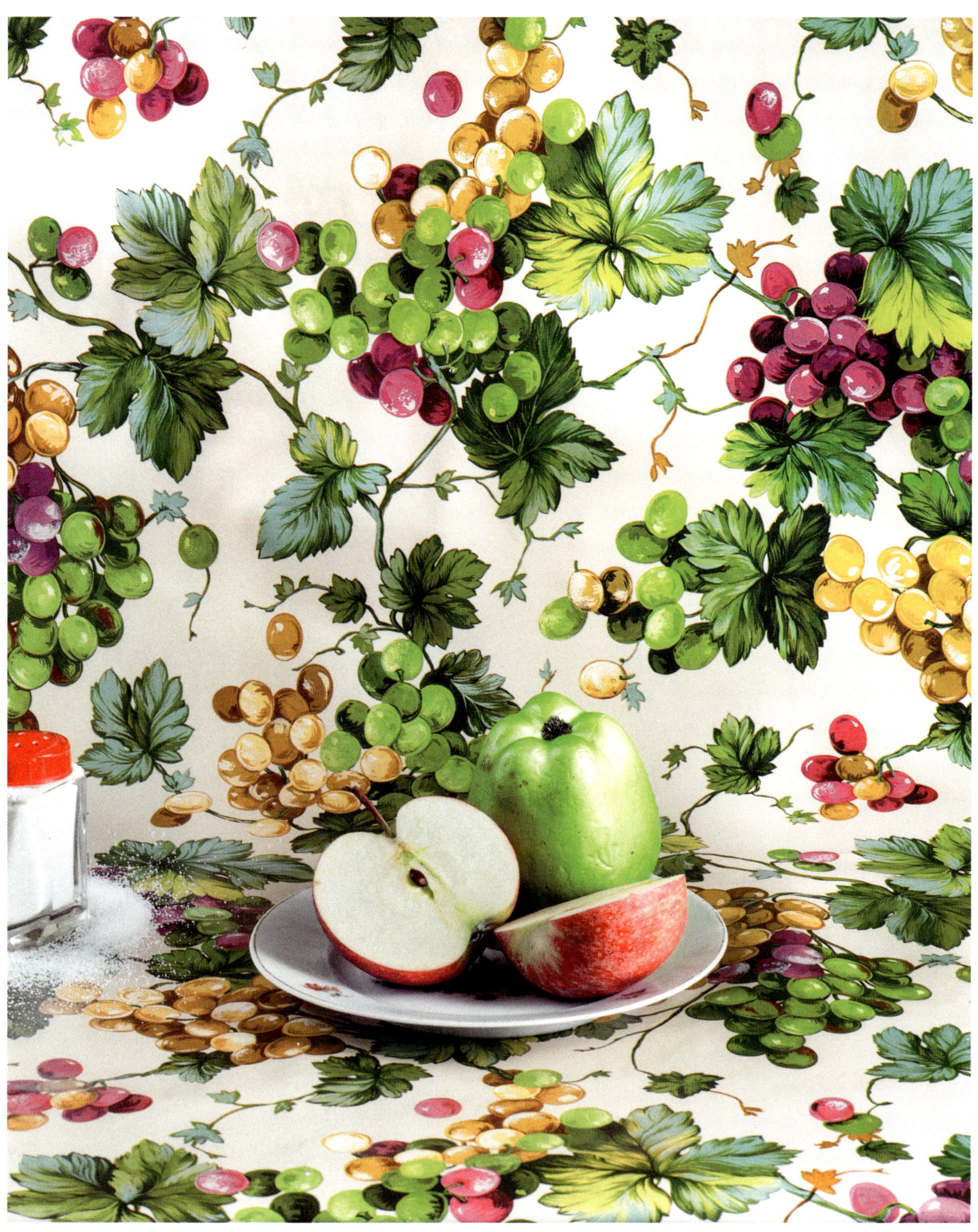

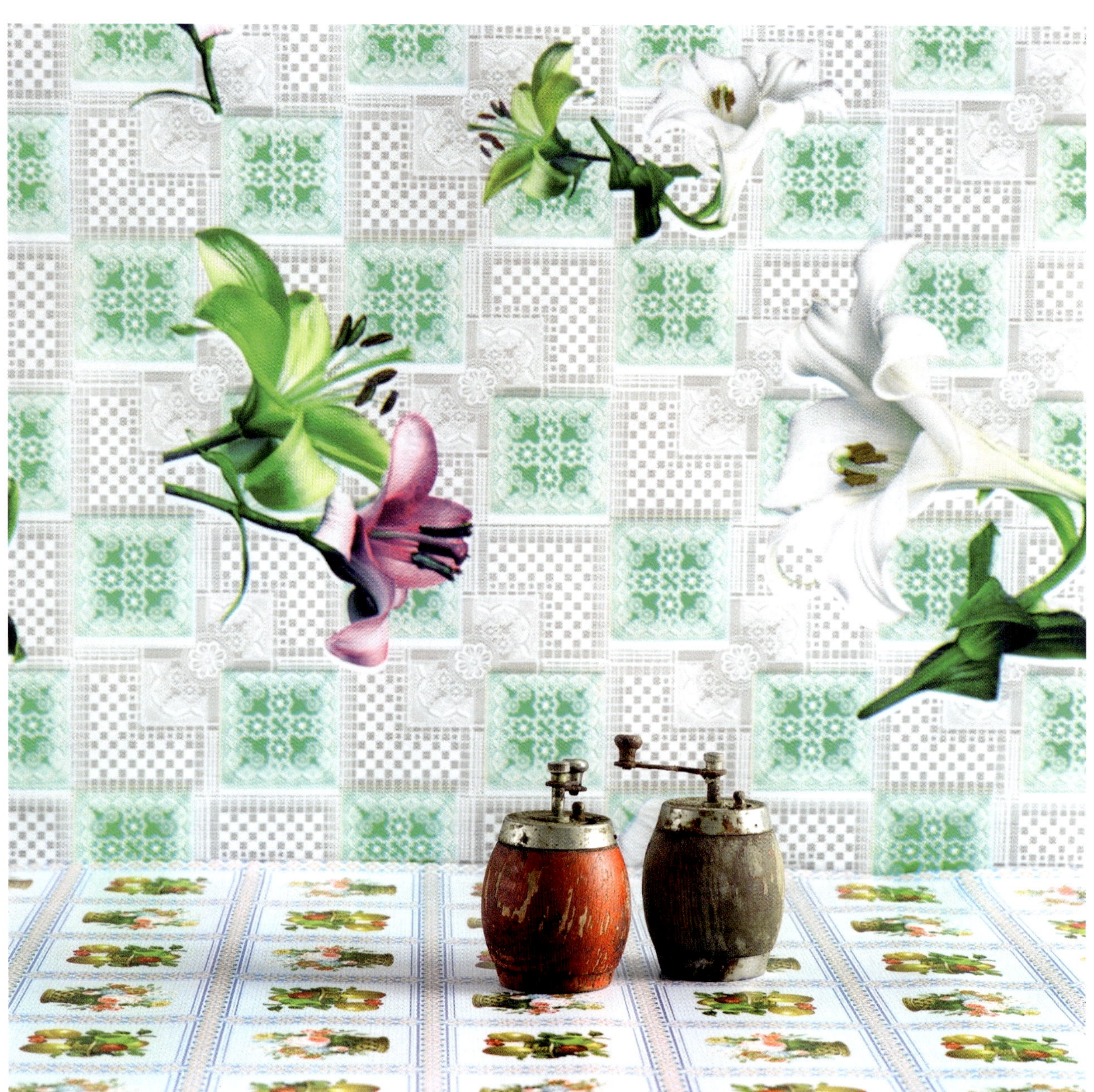

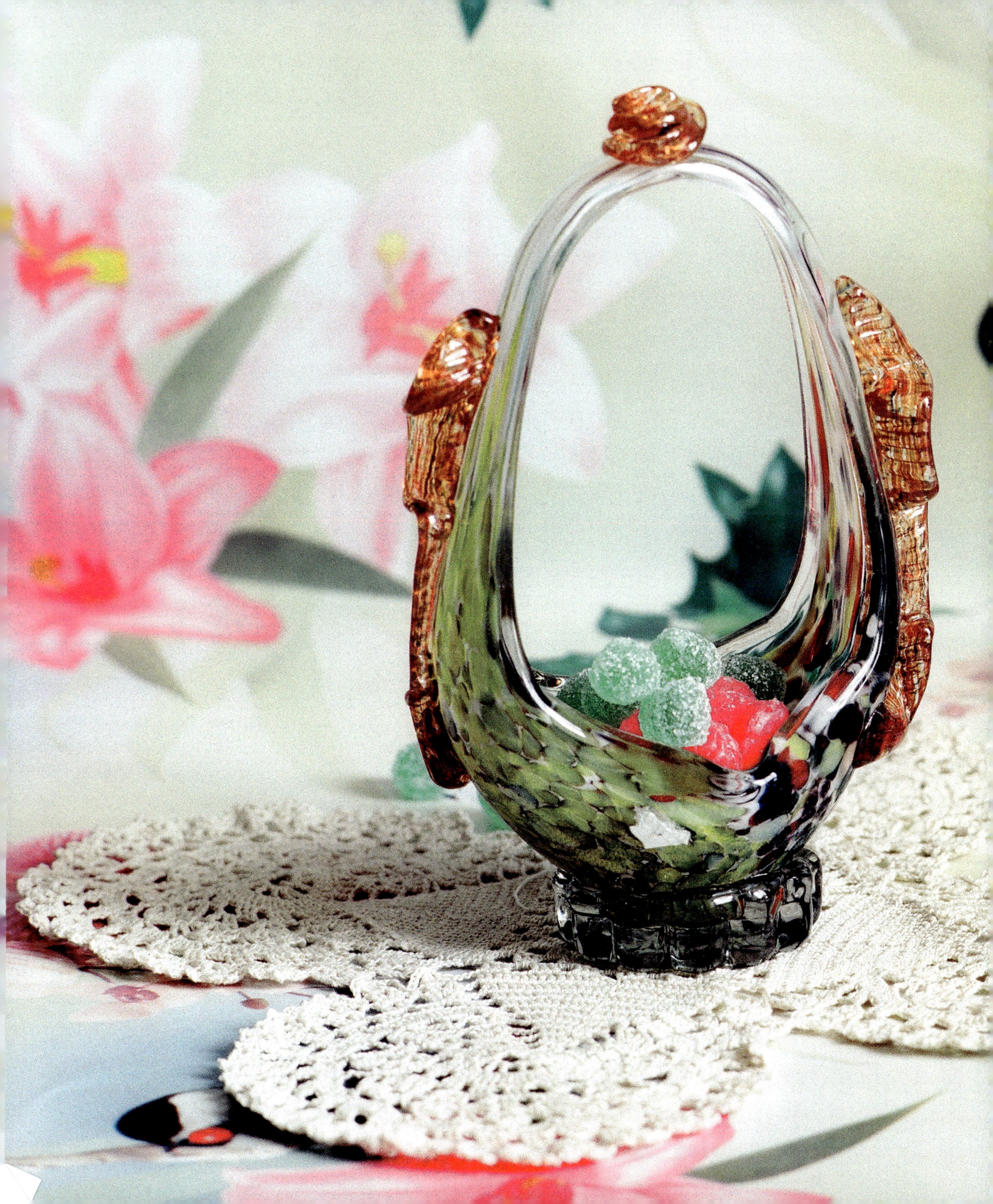

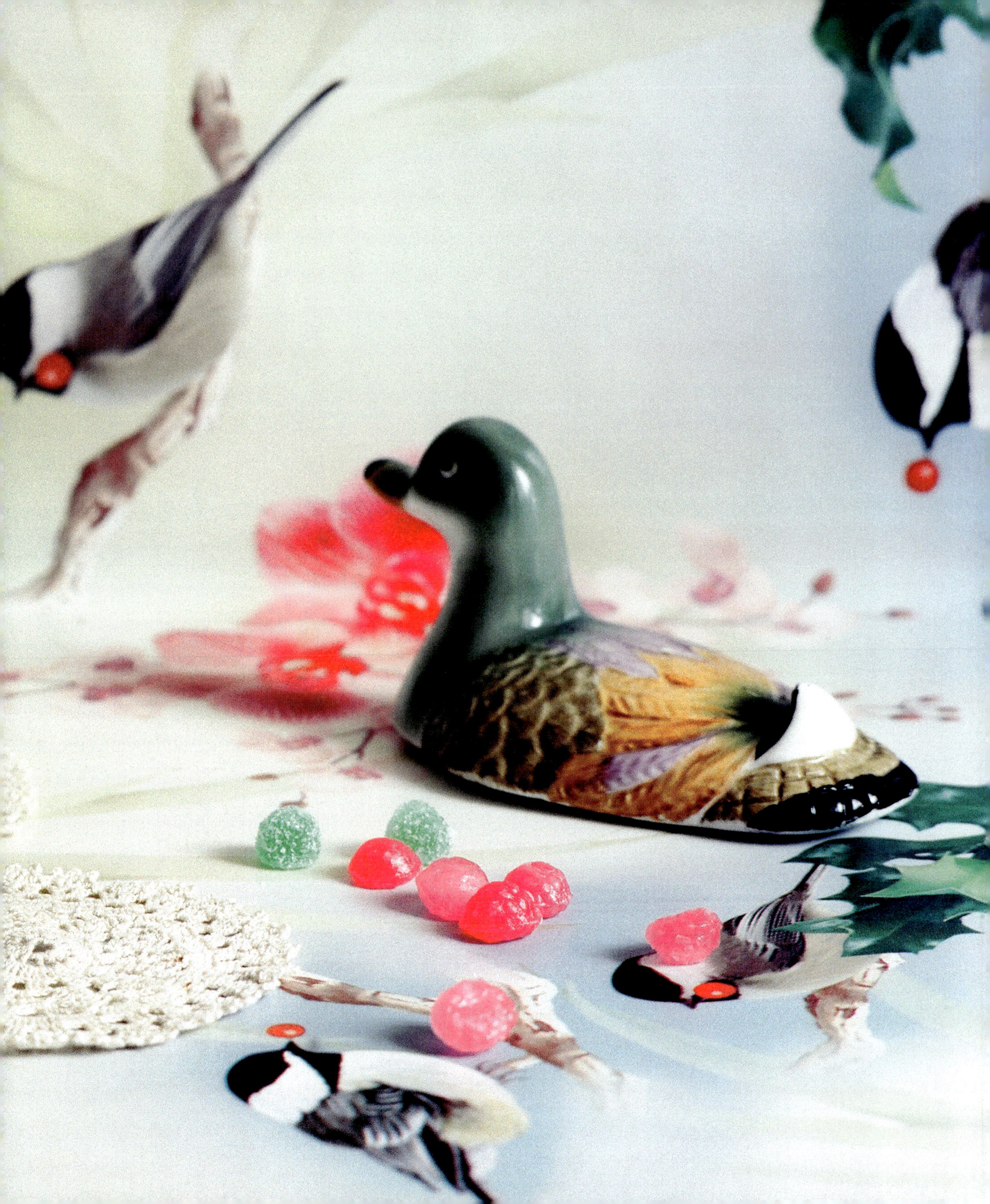

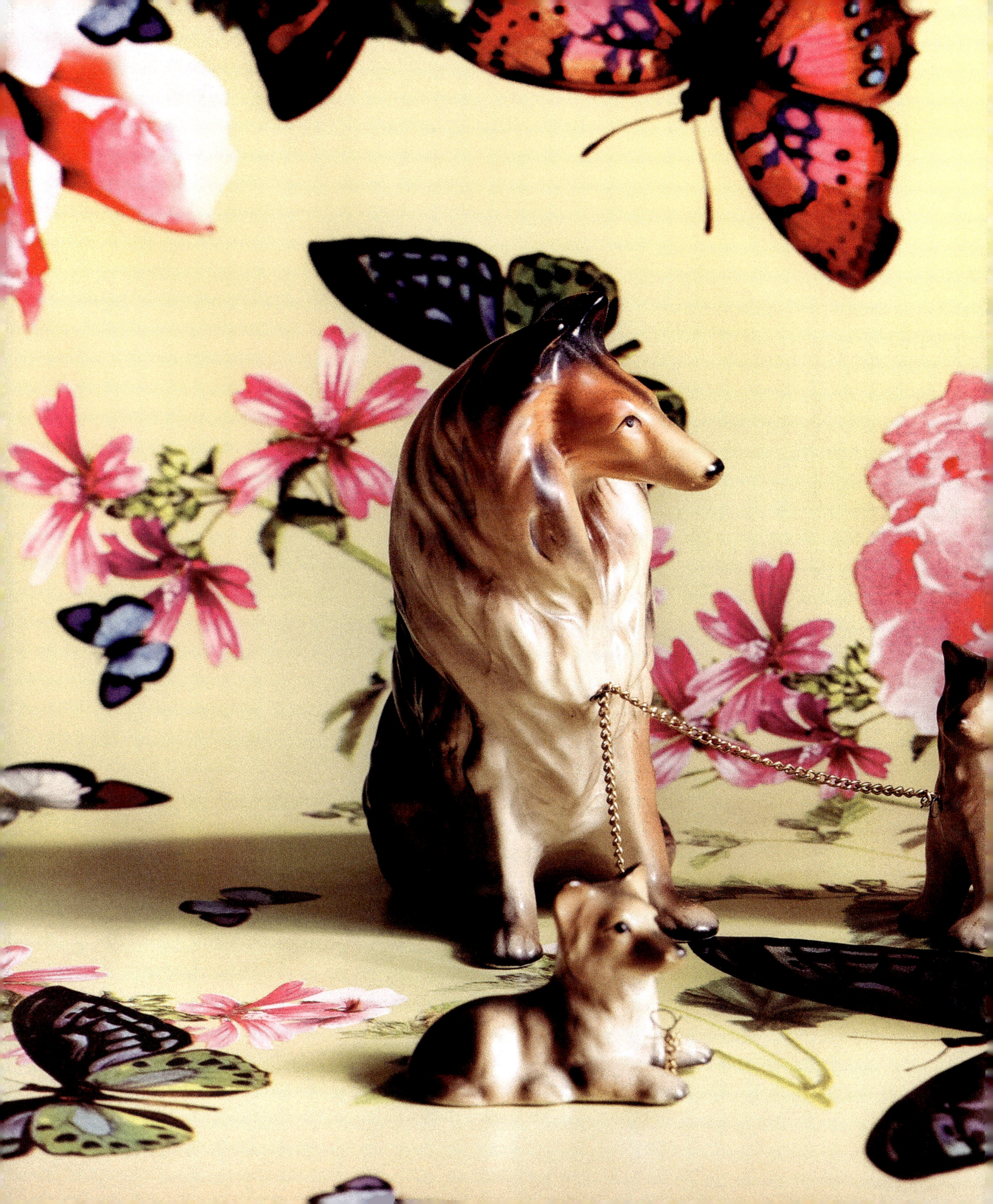

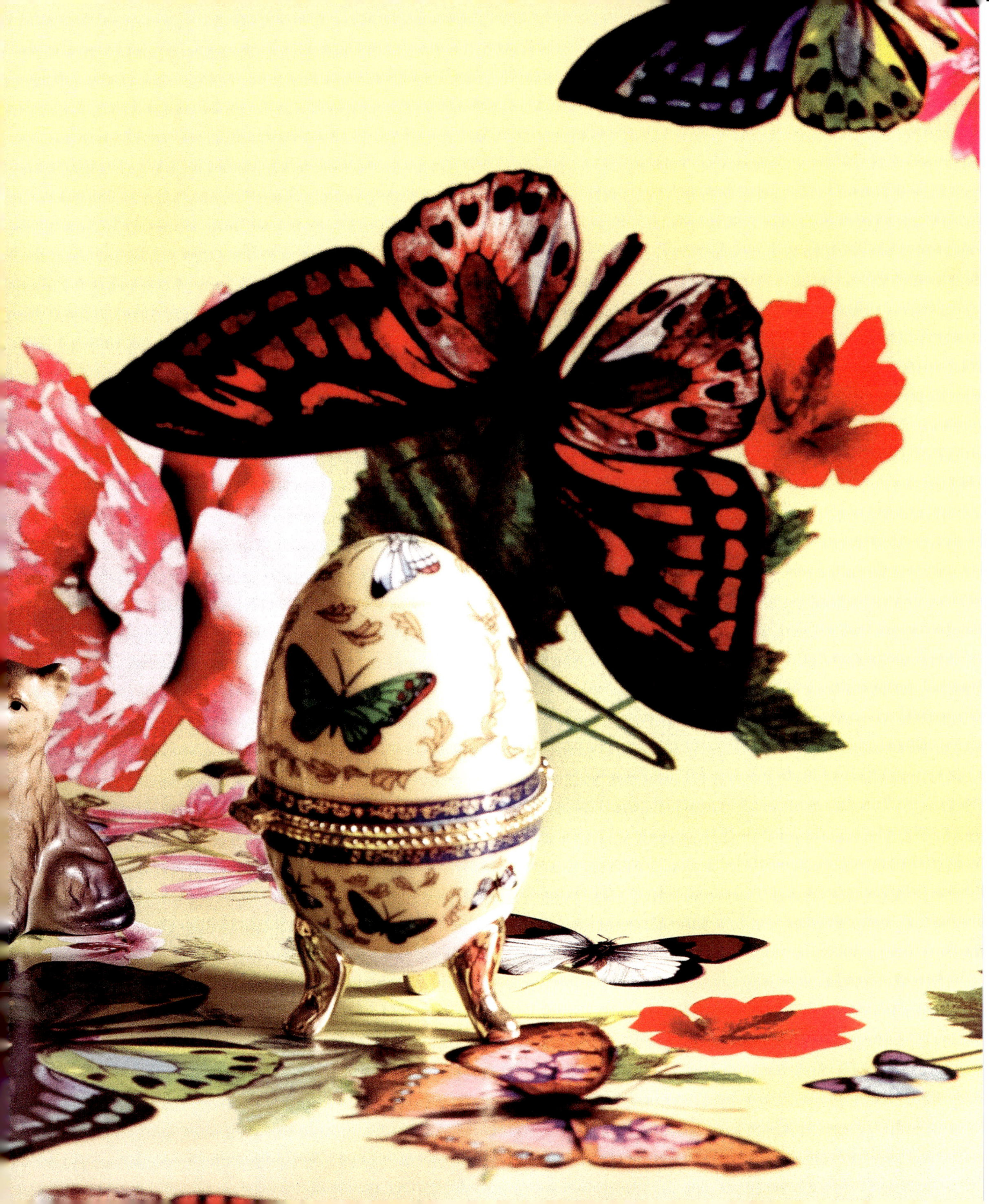

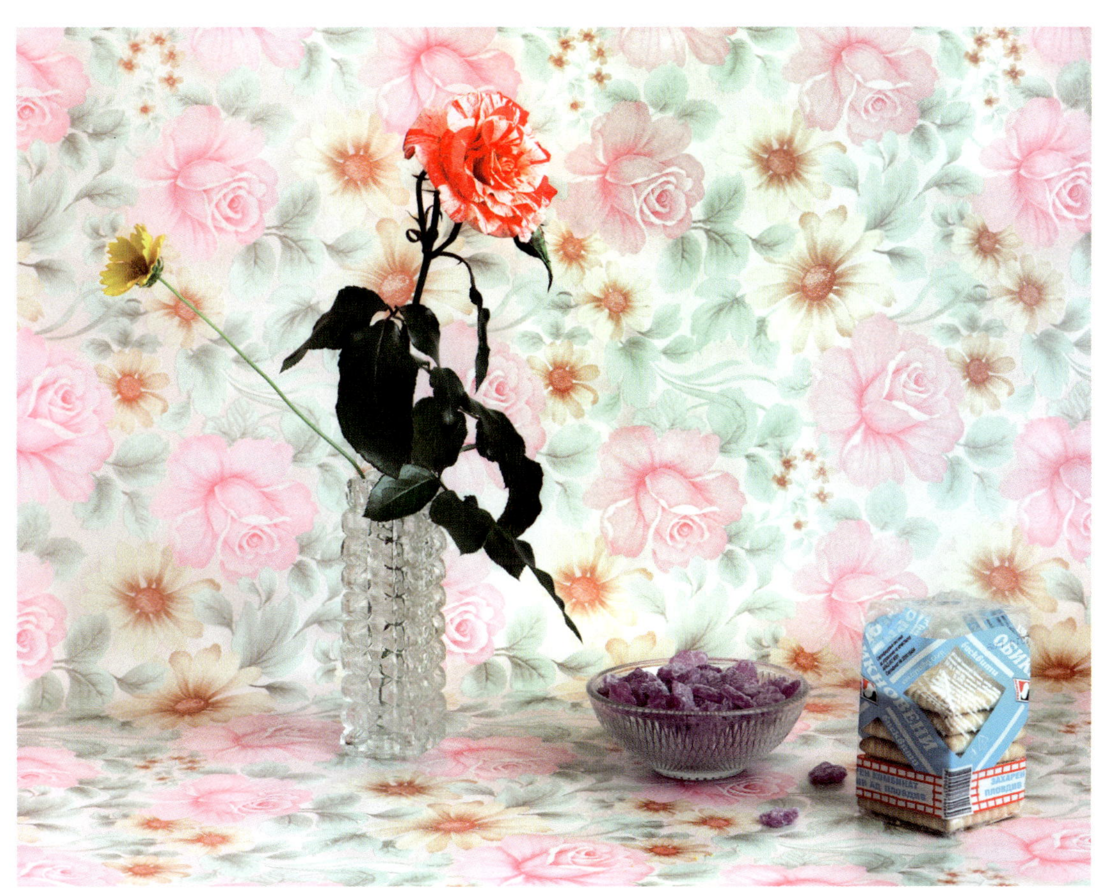

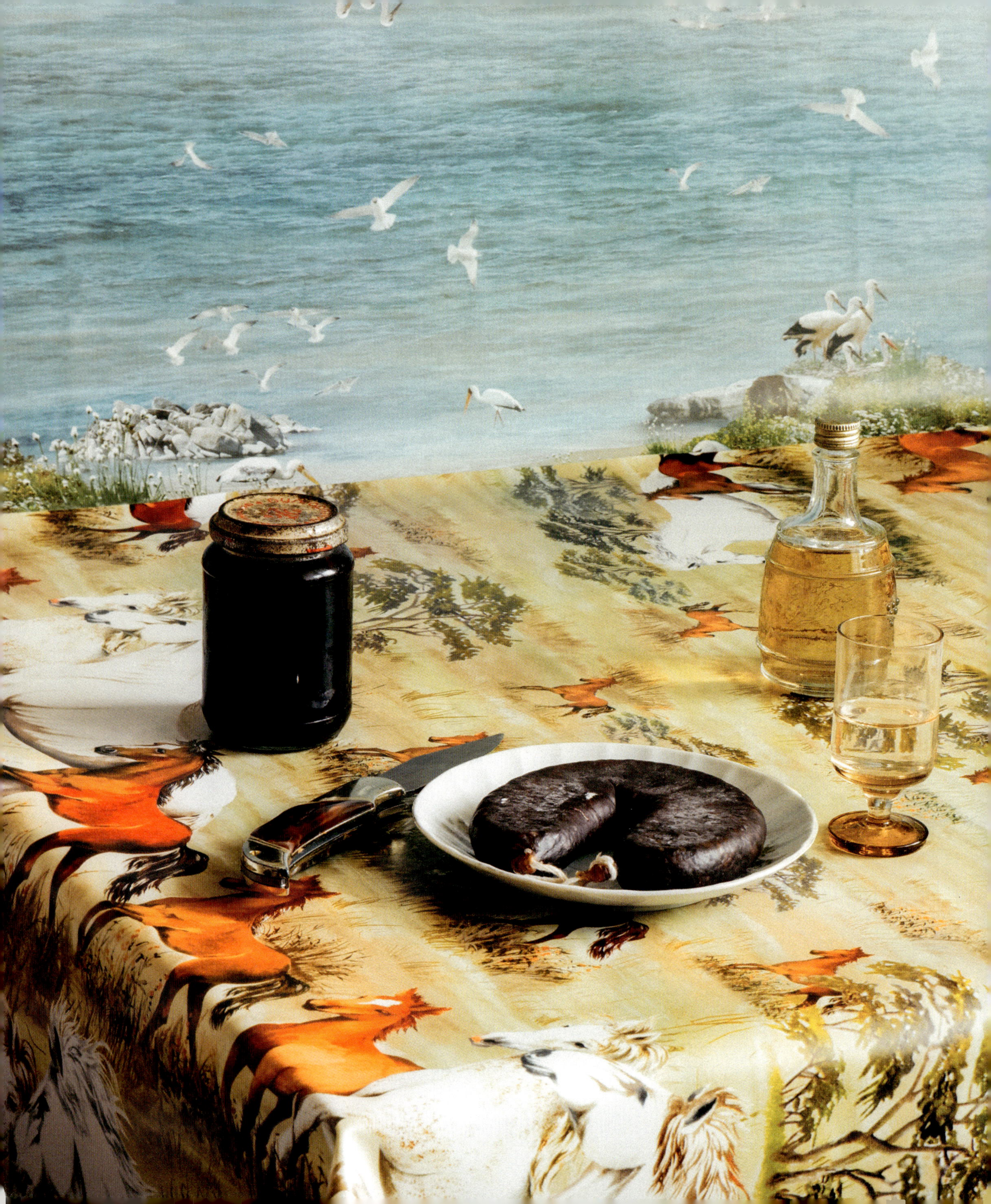

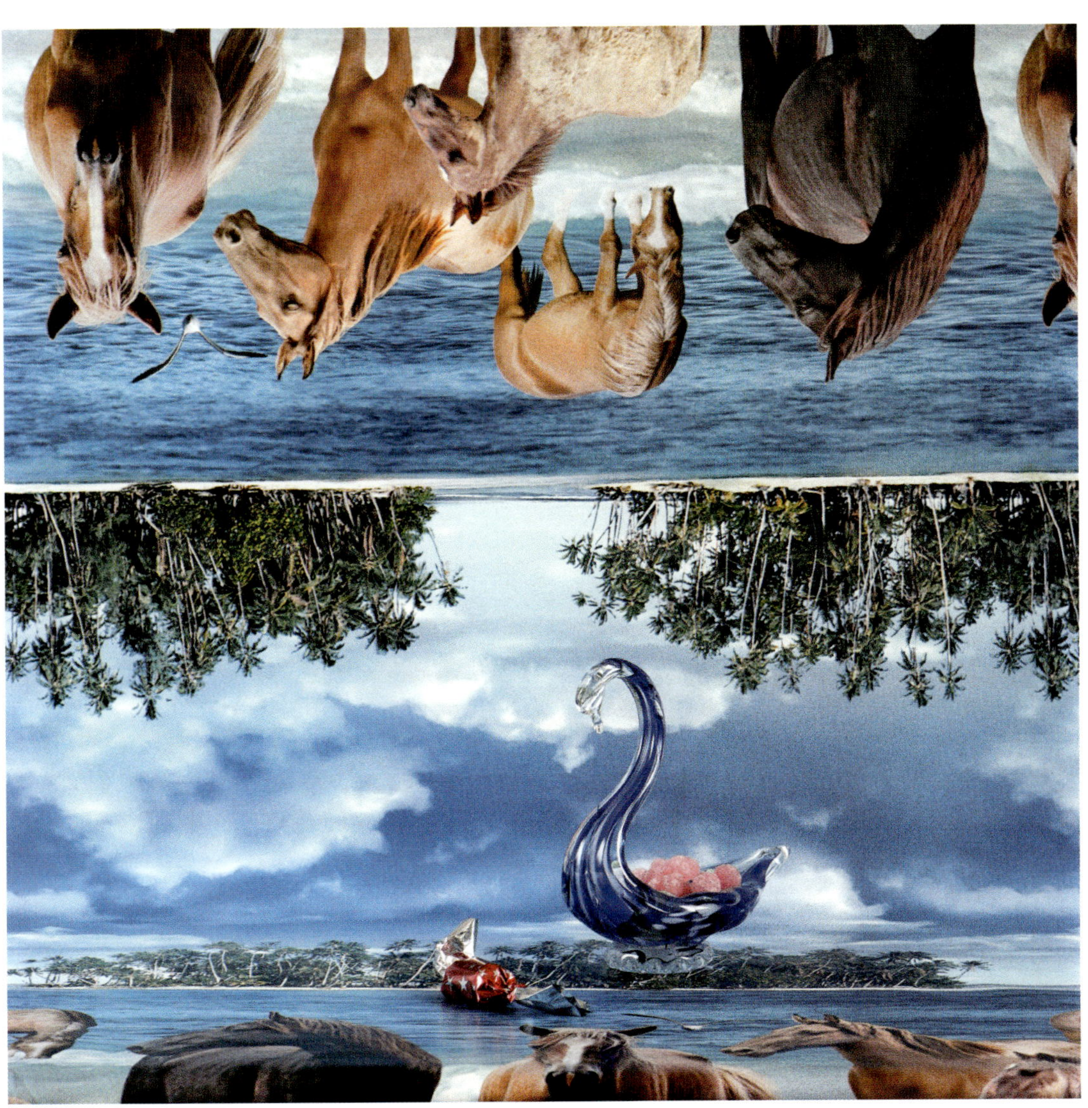

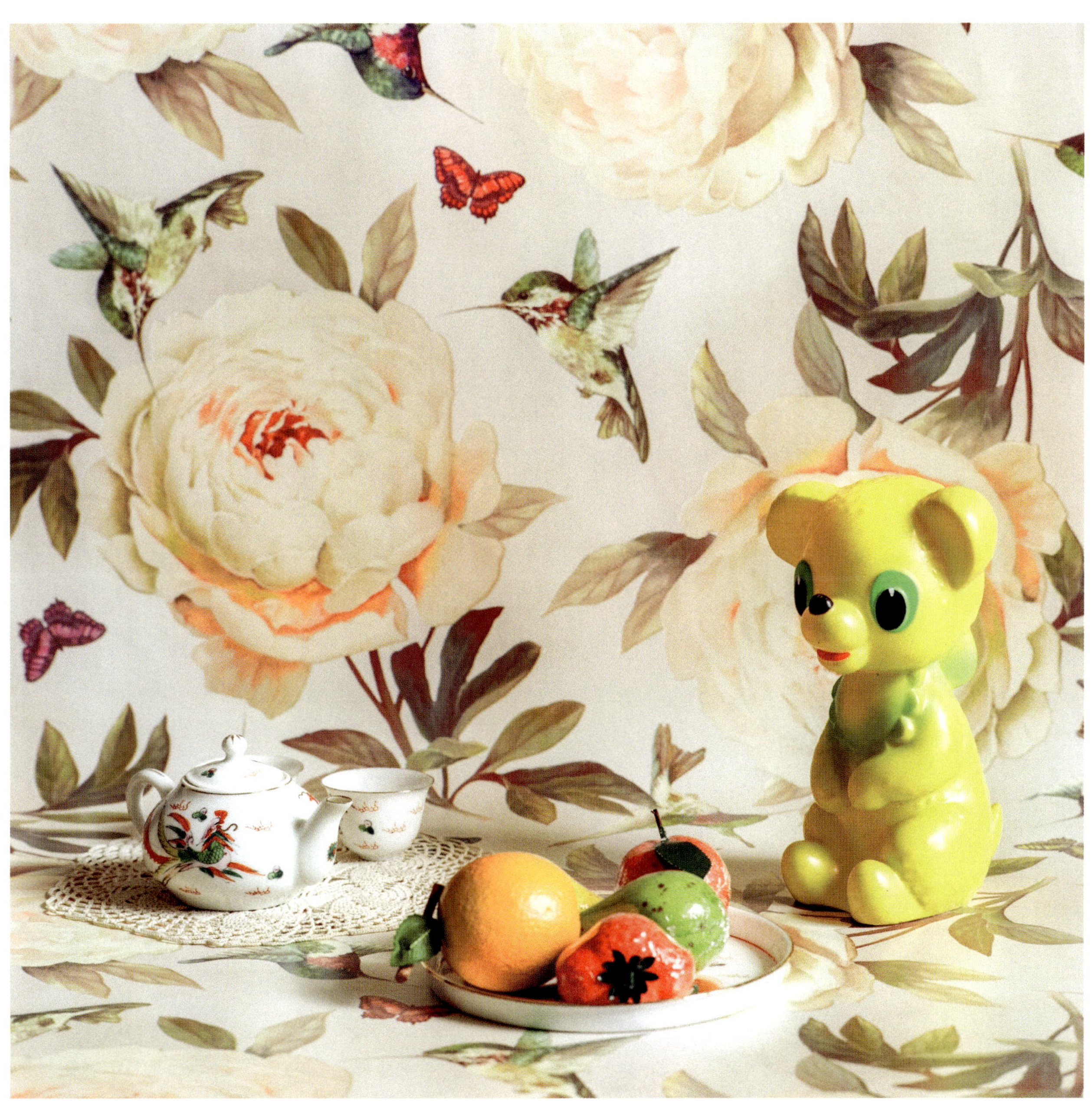

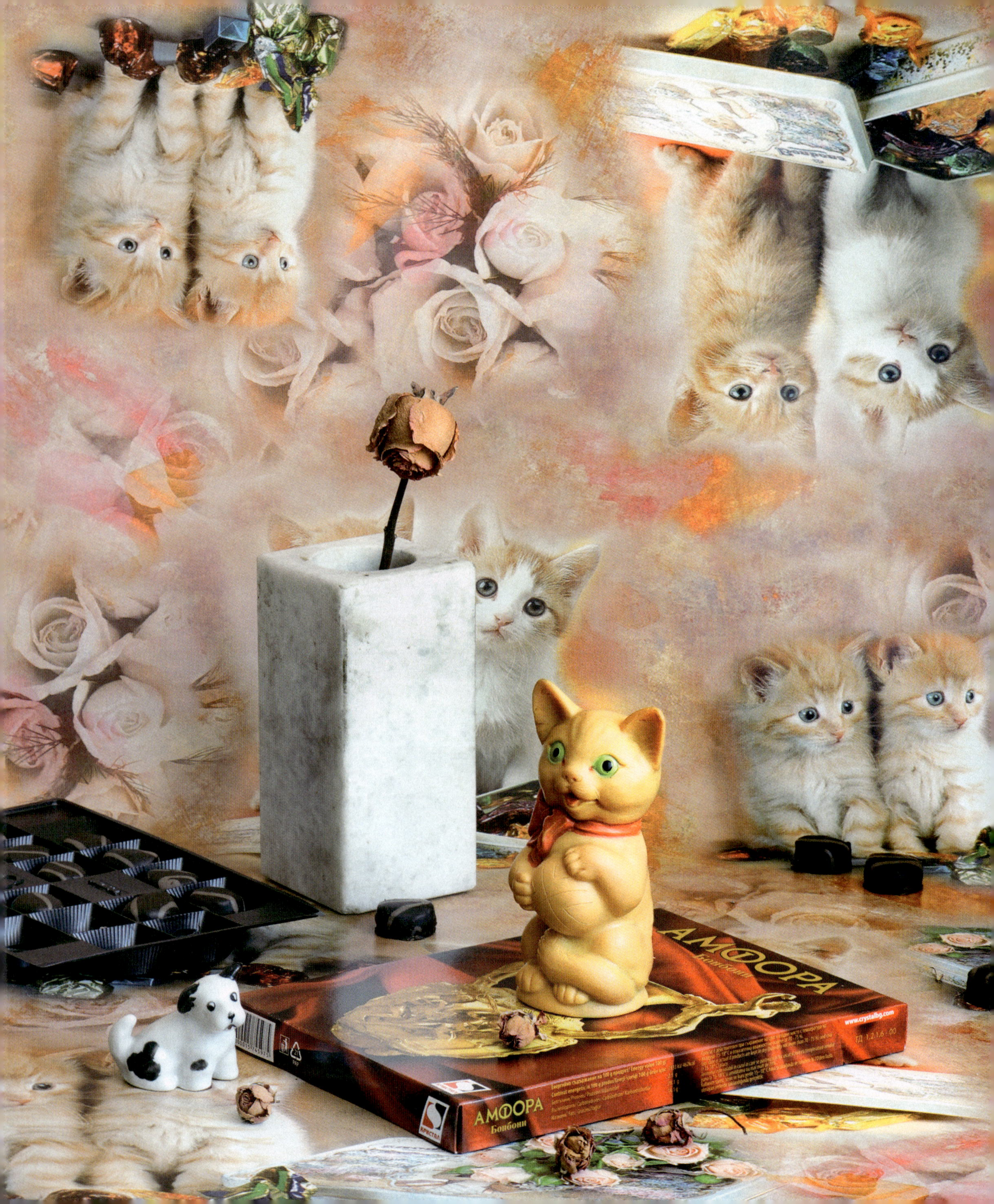

АМФОРА
Бонбони
www.crystalbg.com

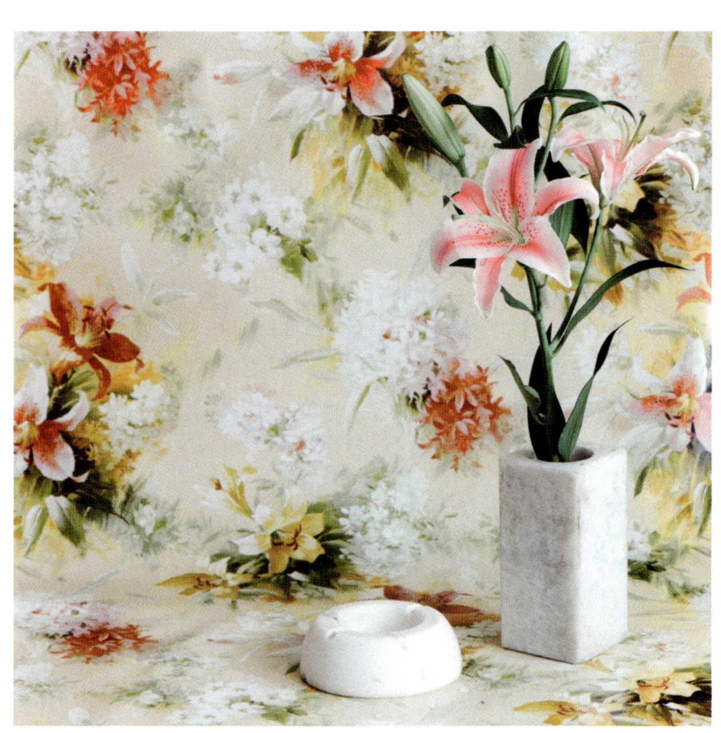

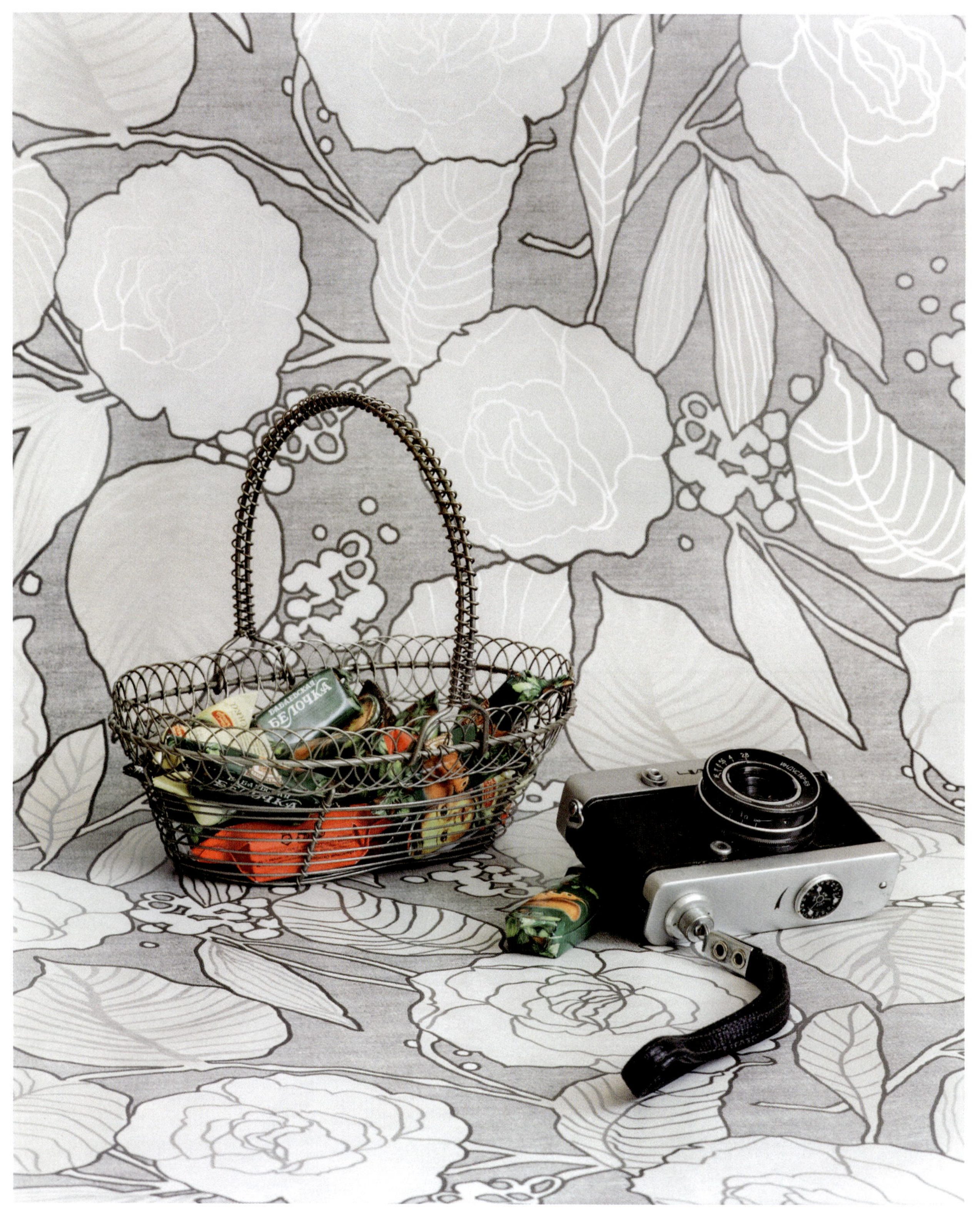

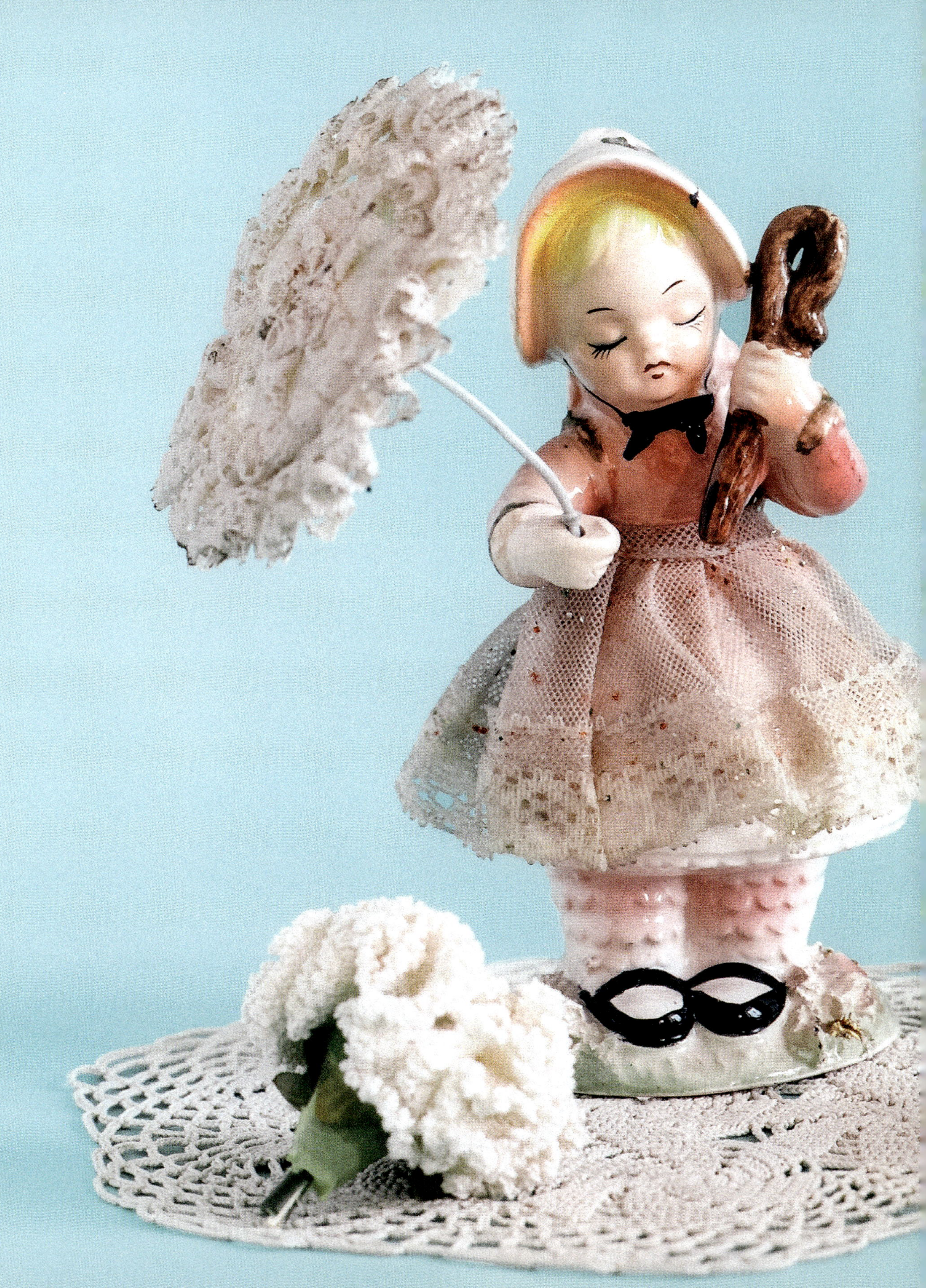

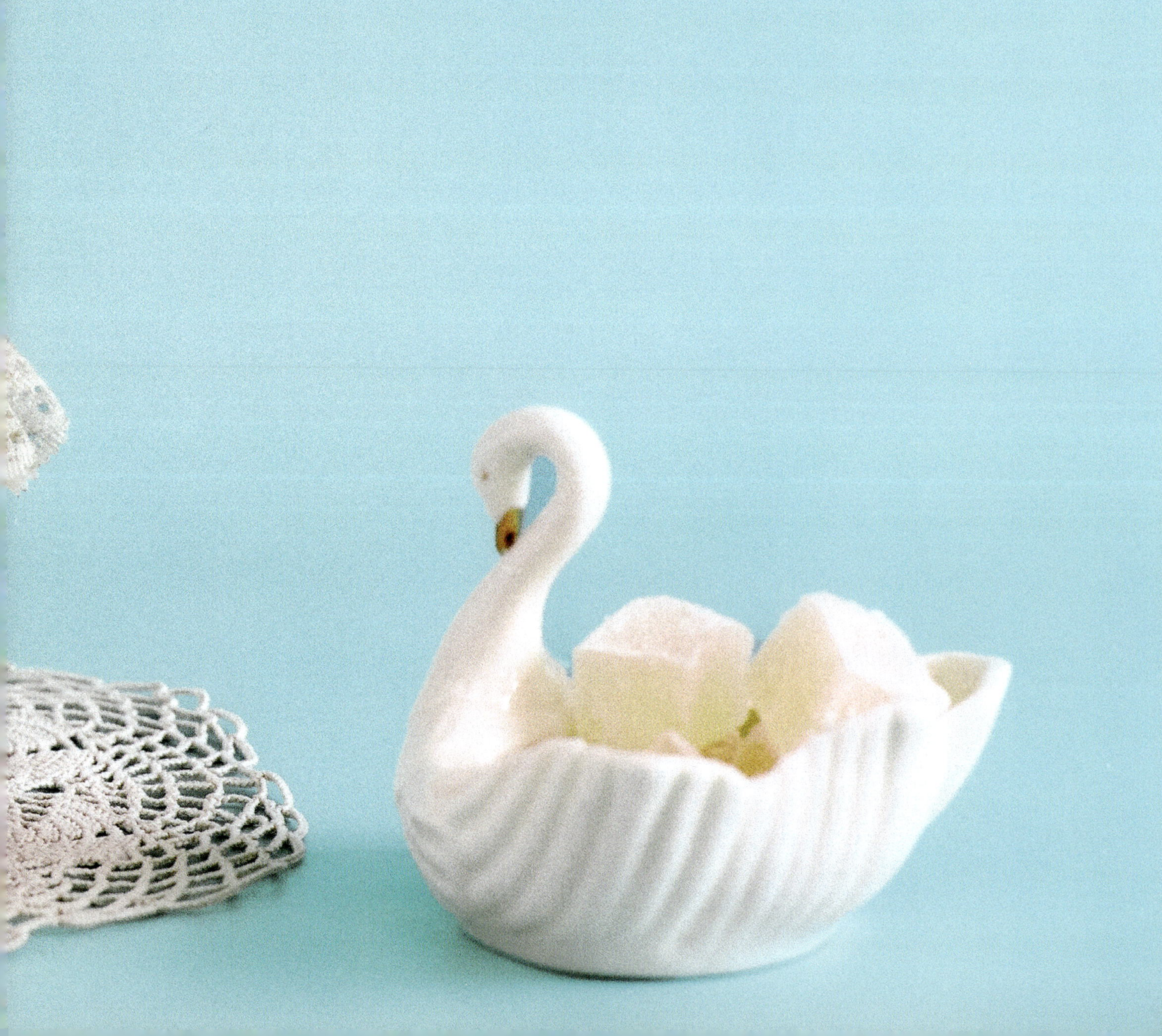

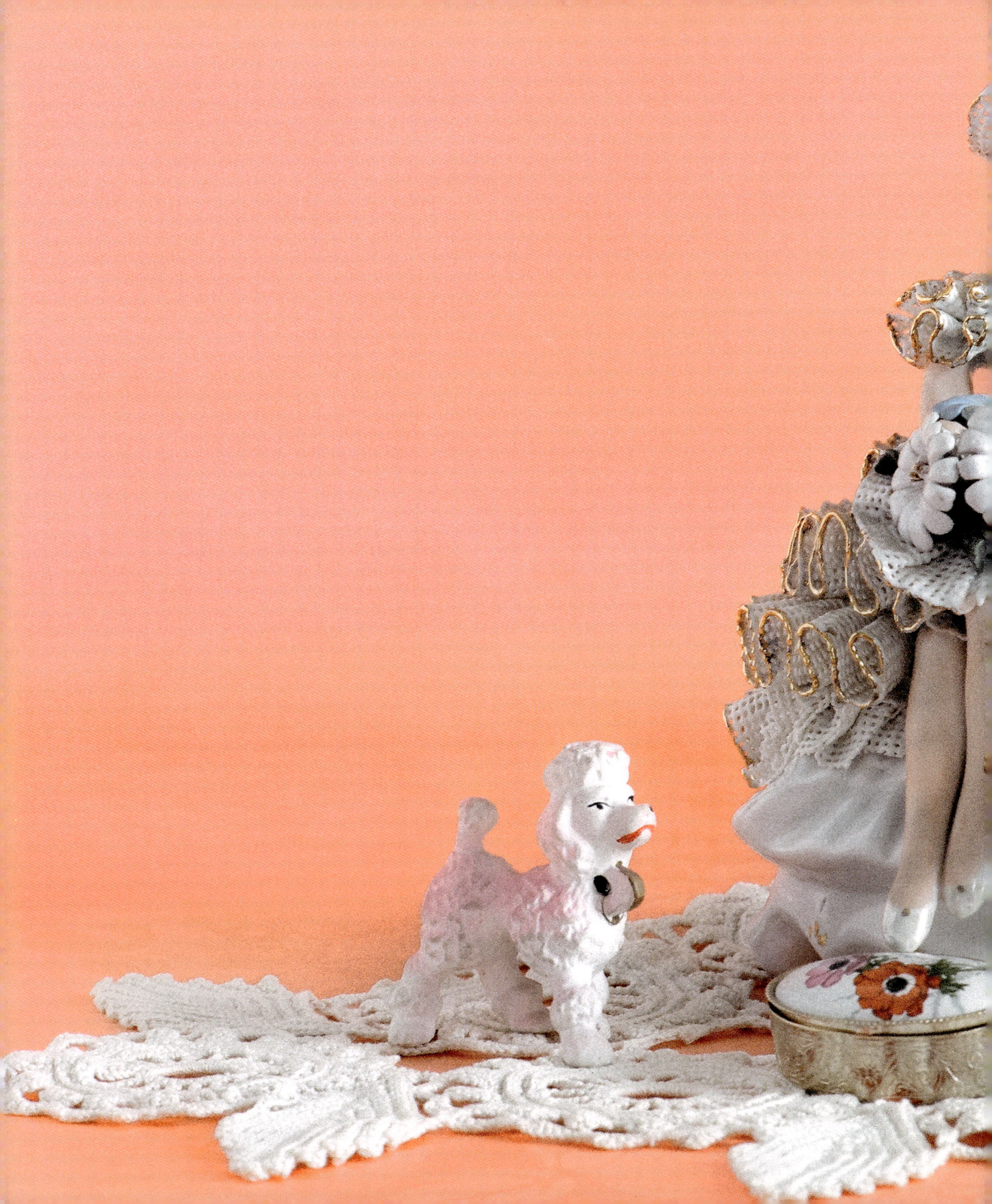

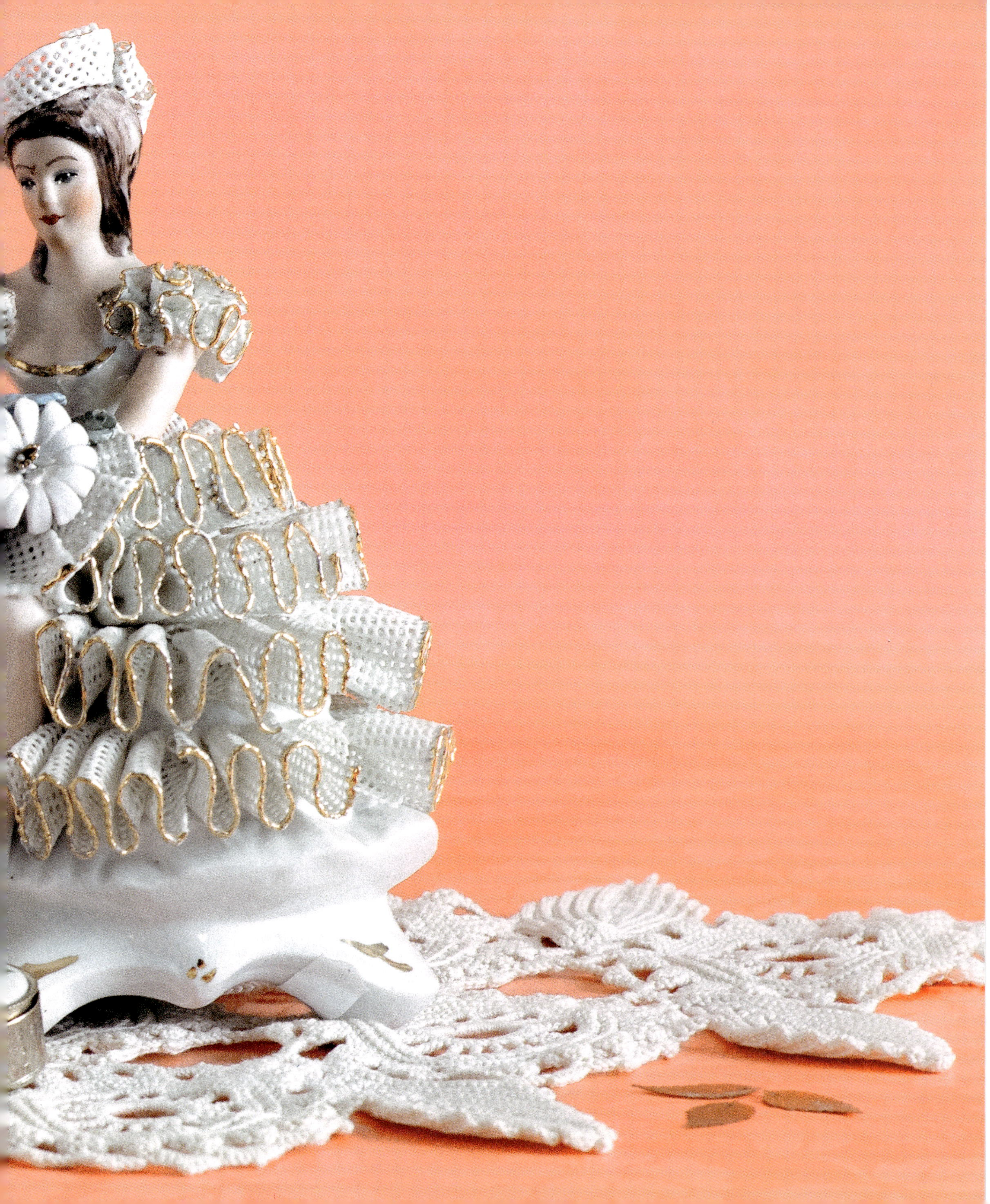

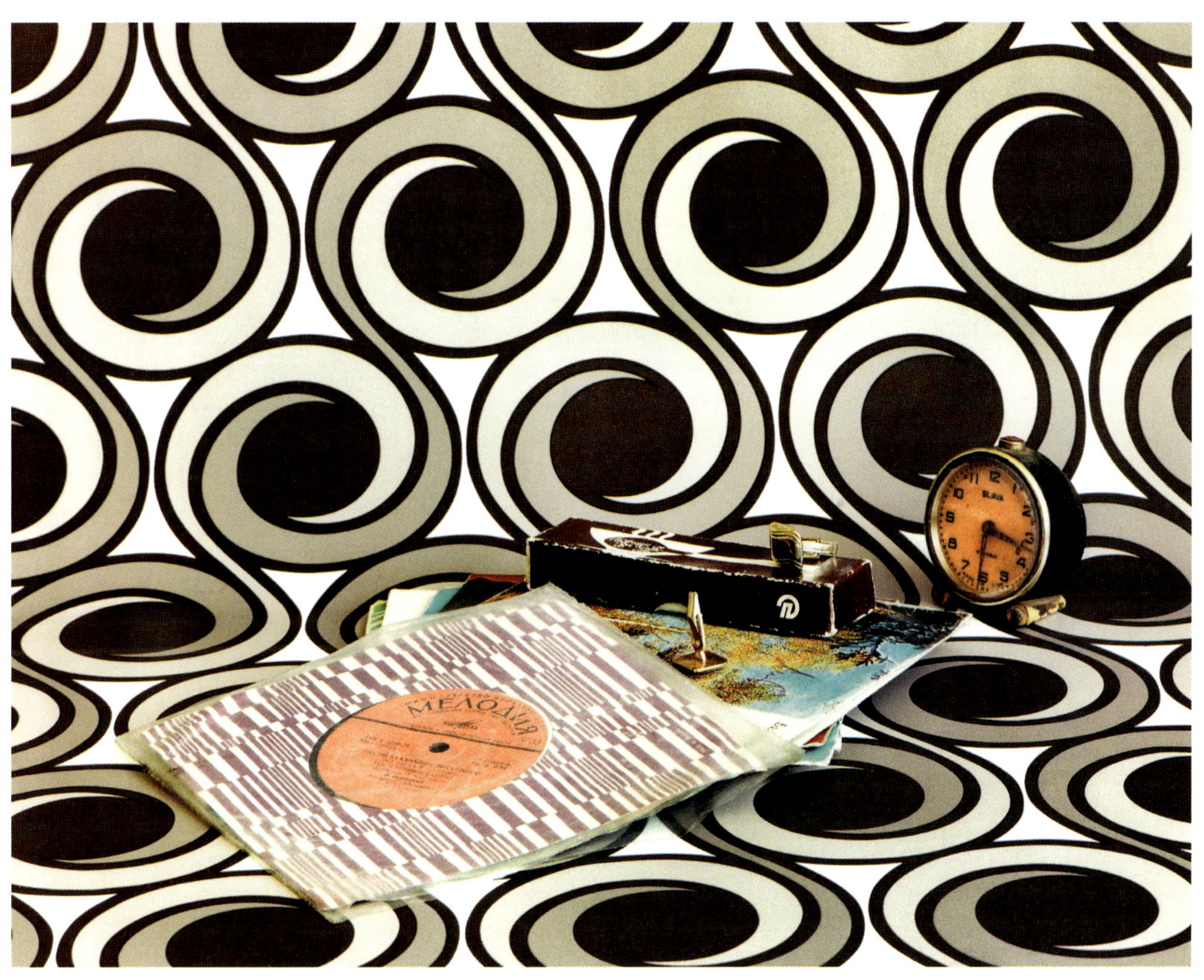

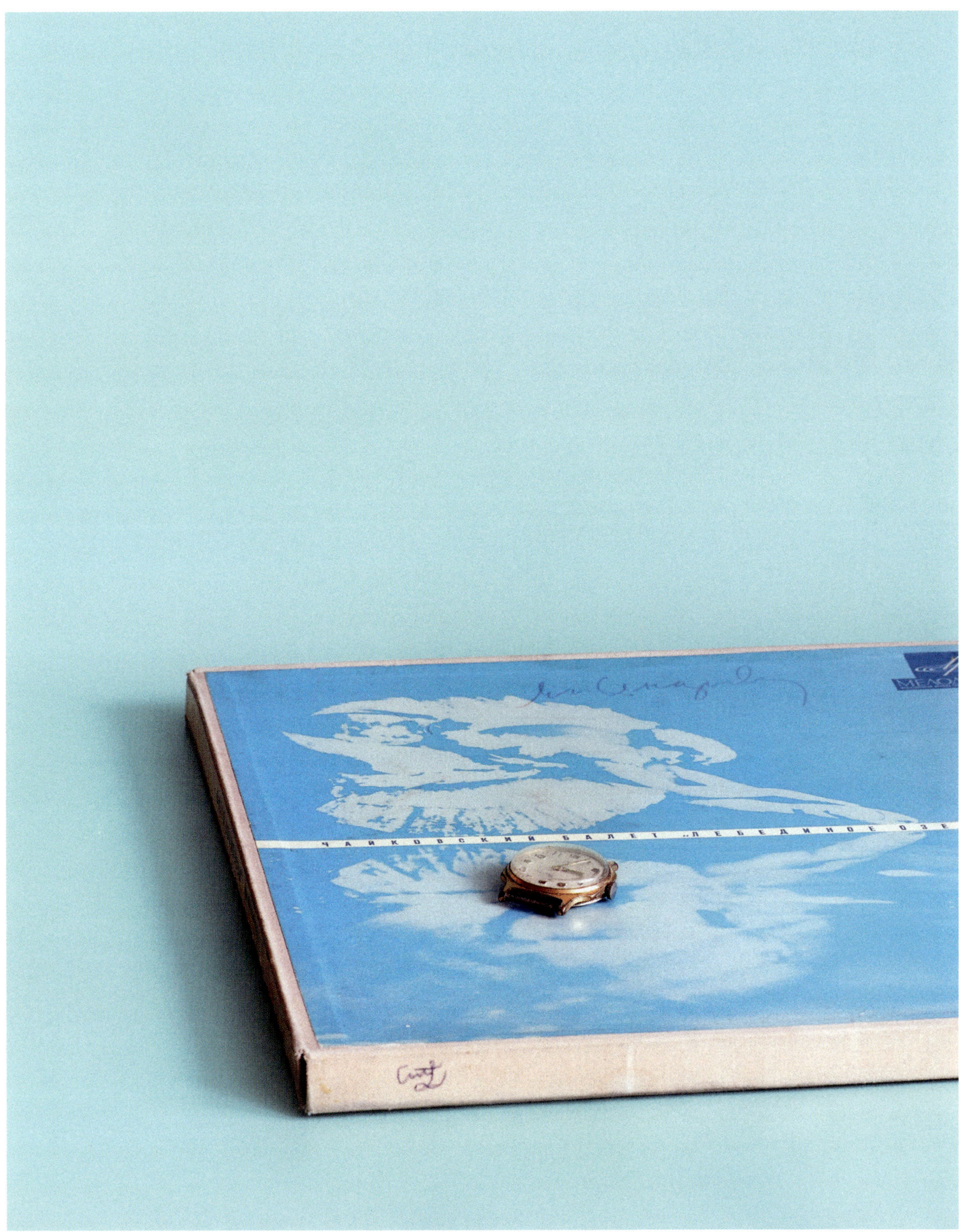

ЧАЙКОВСКИЙ БАЛЕТ „ЛЕБЕДИНОЕ ОЗЕ
МЕЛОДИЯ

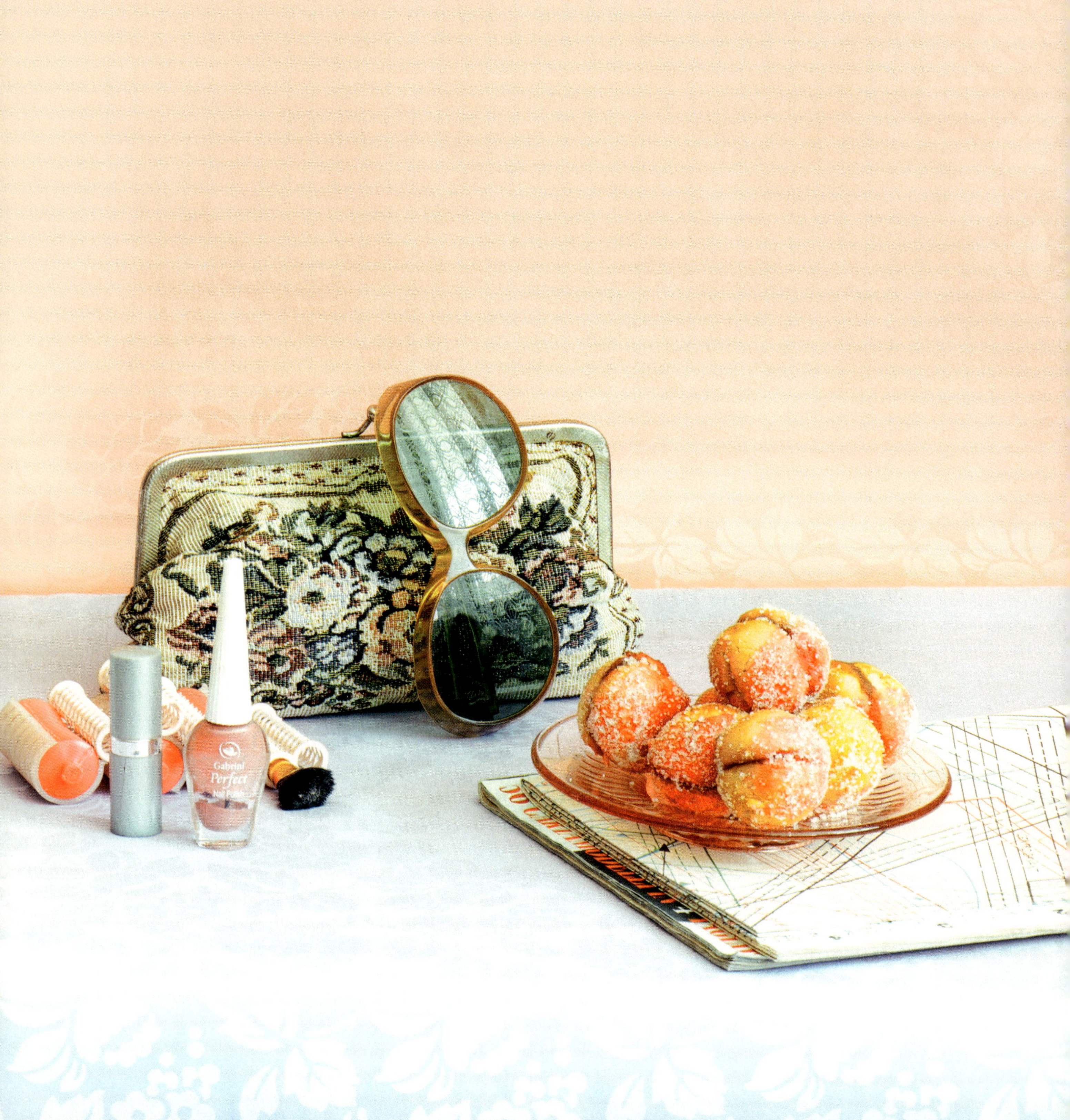

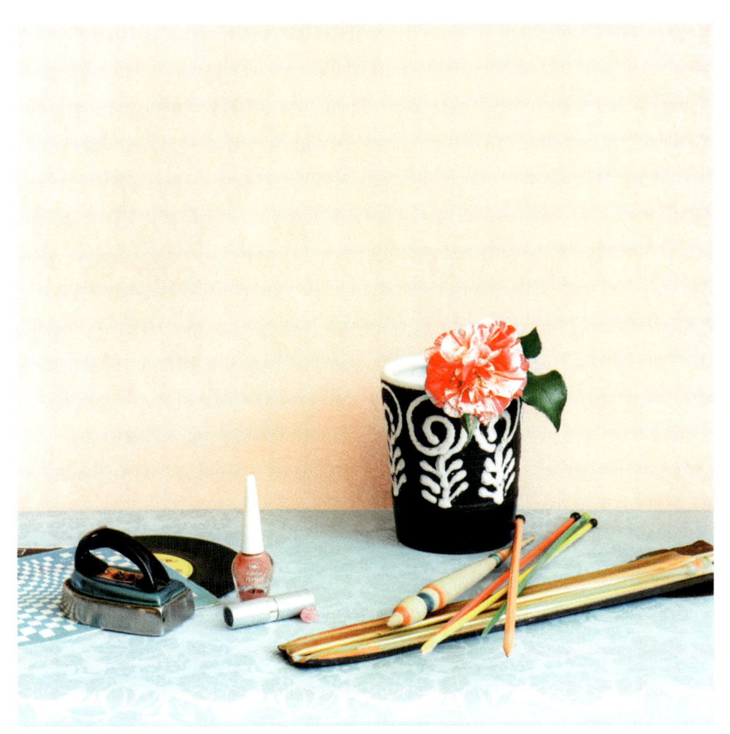

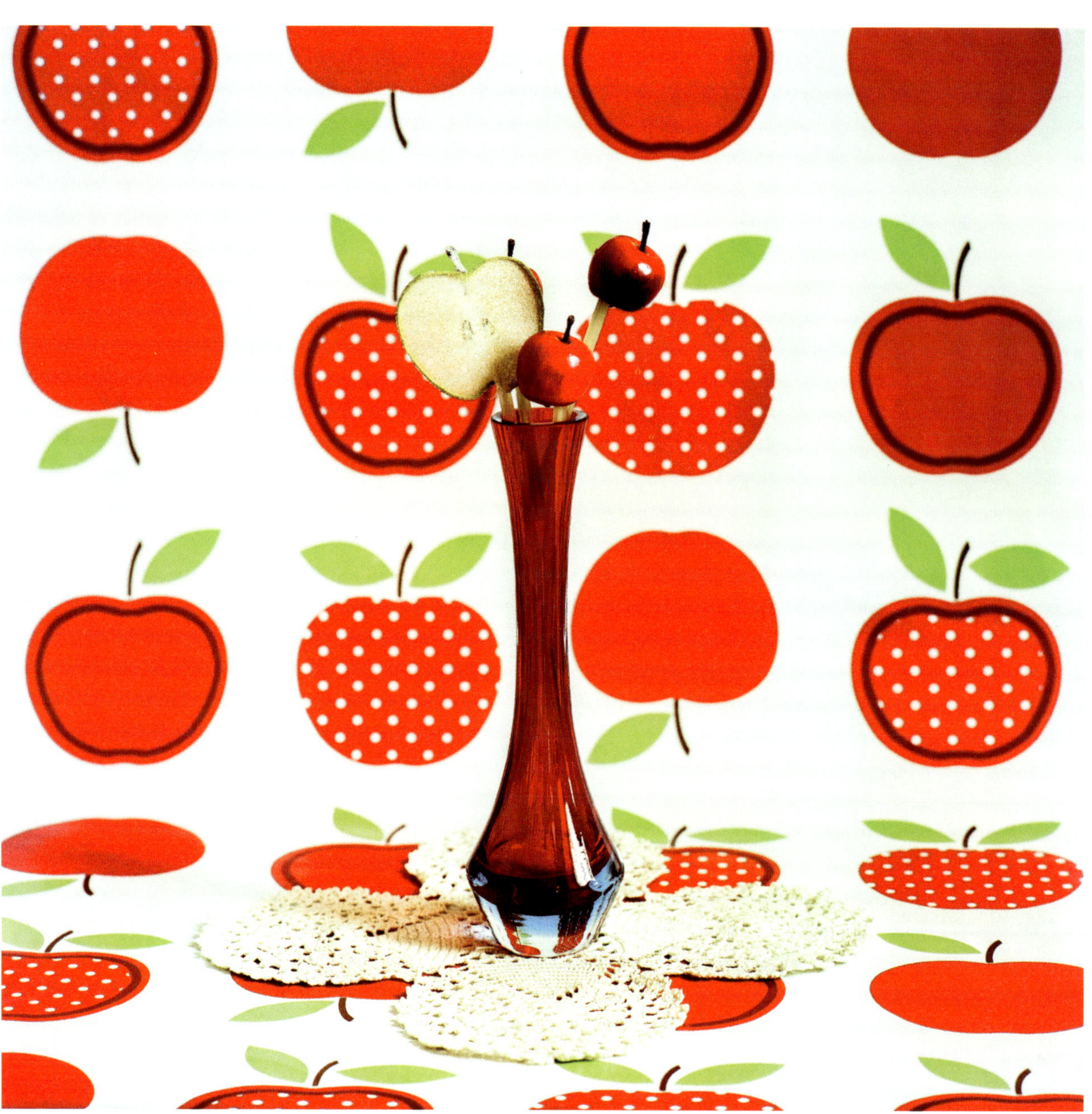

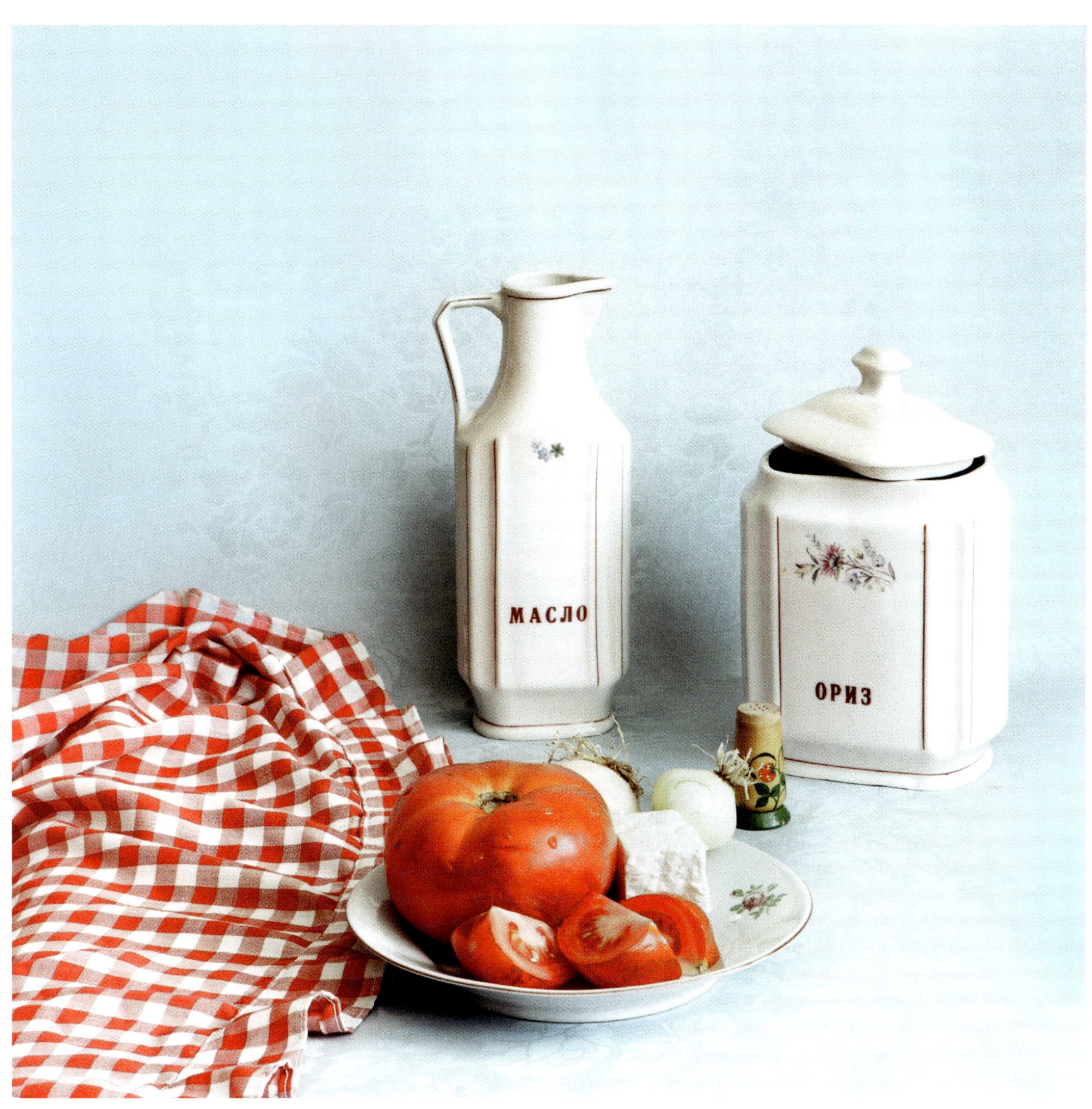

МАСЛО
ОРИЗ

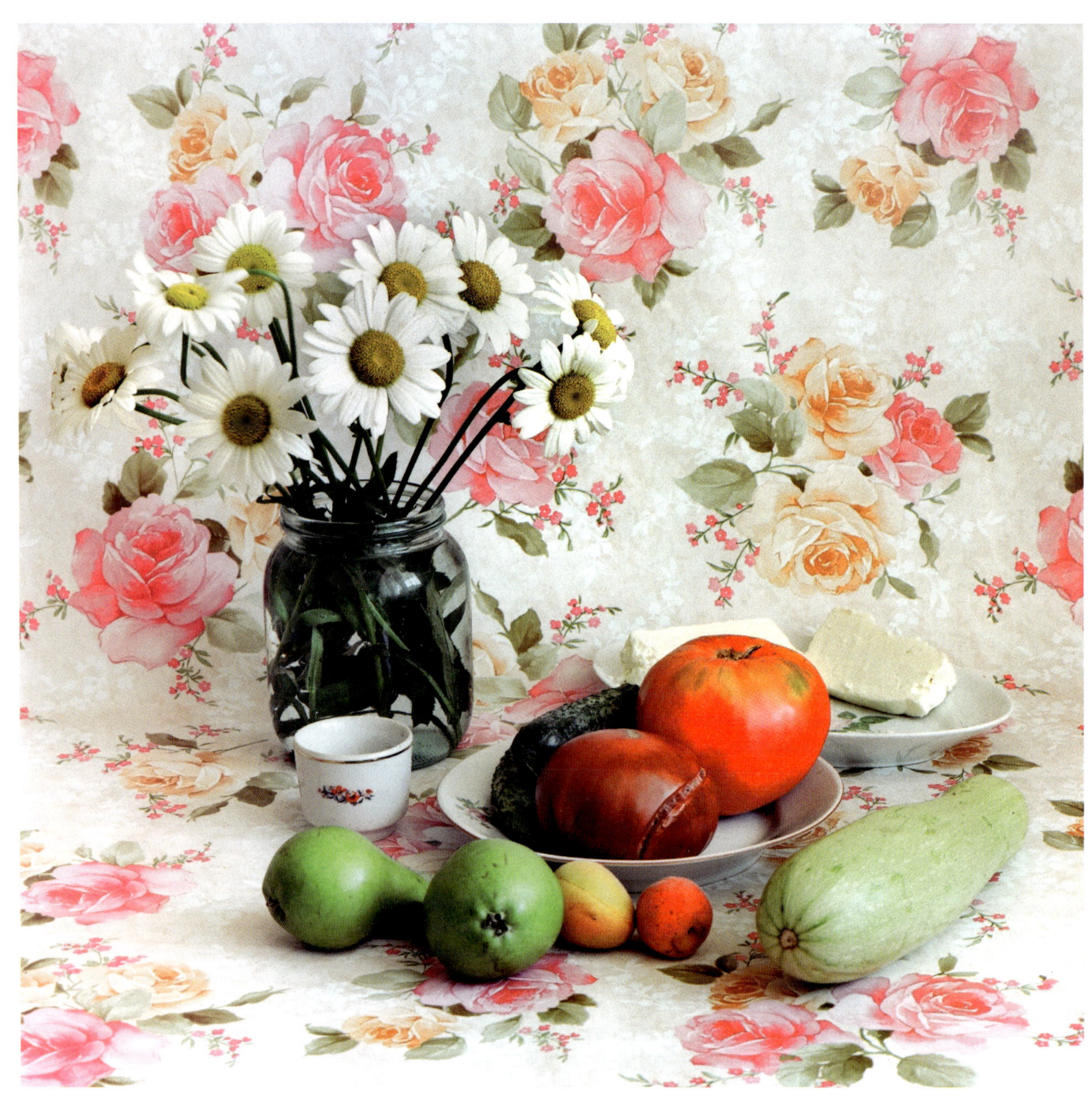

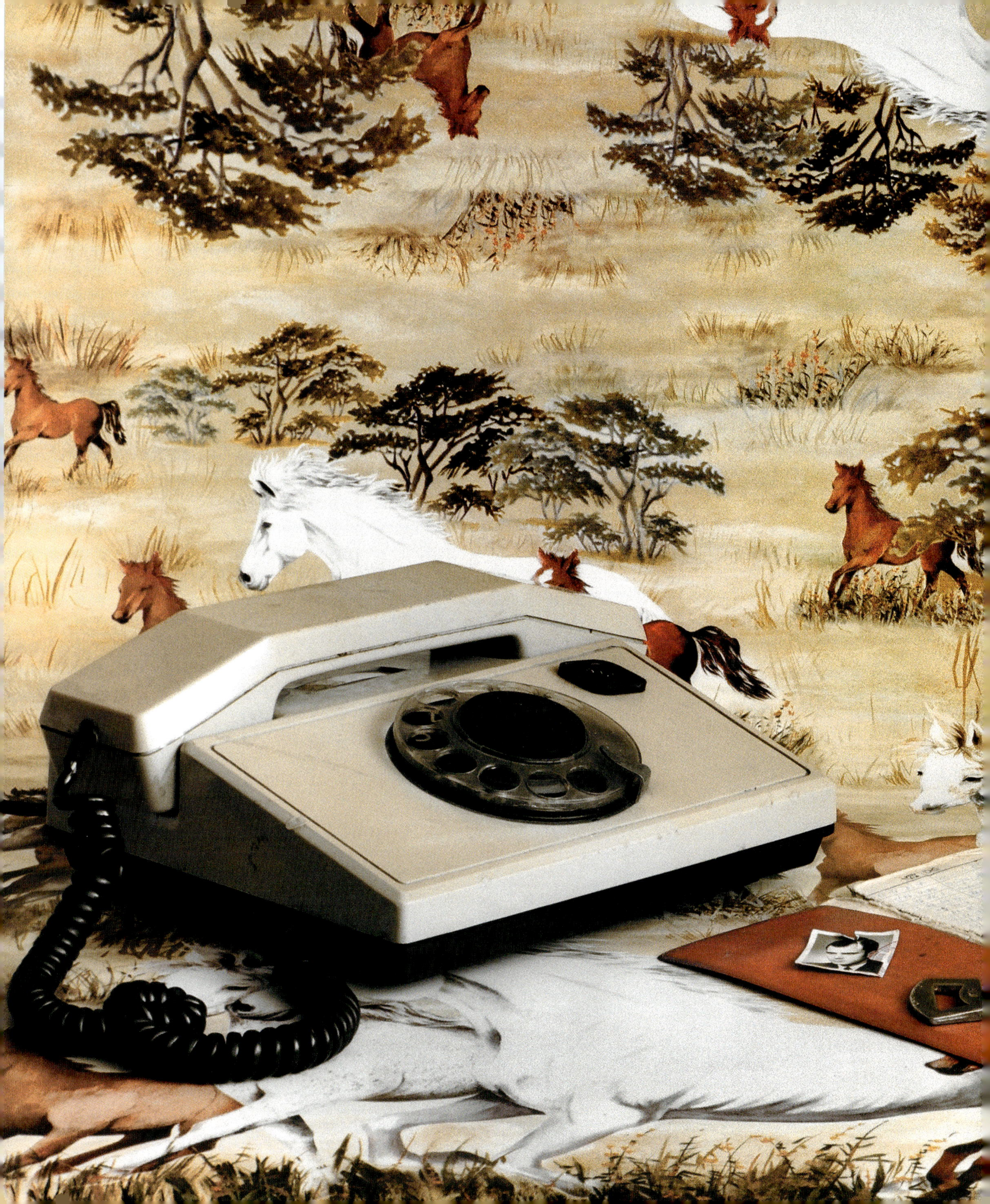

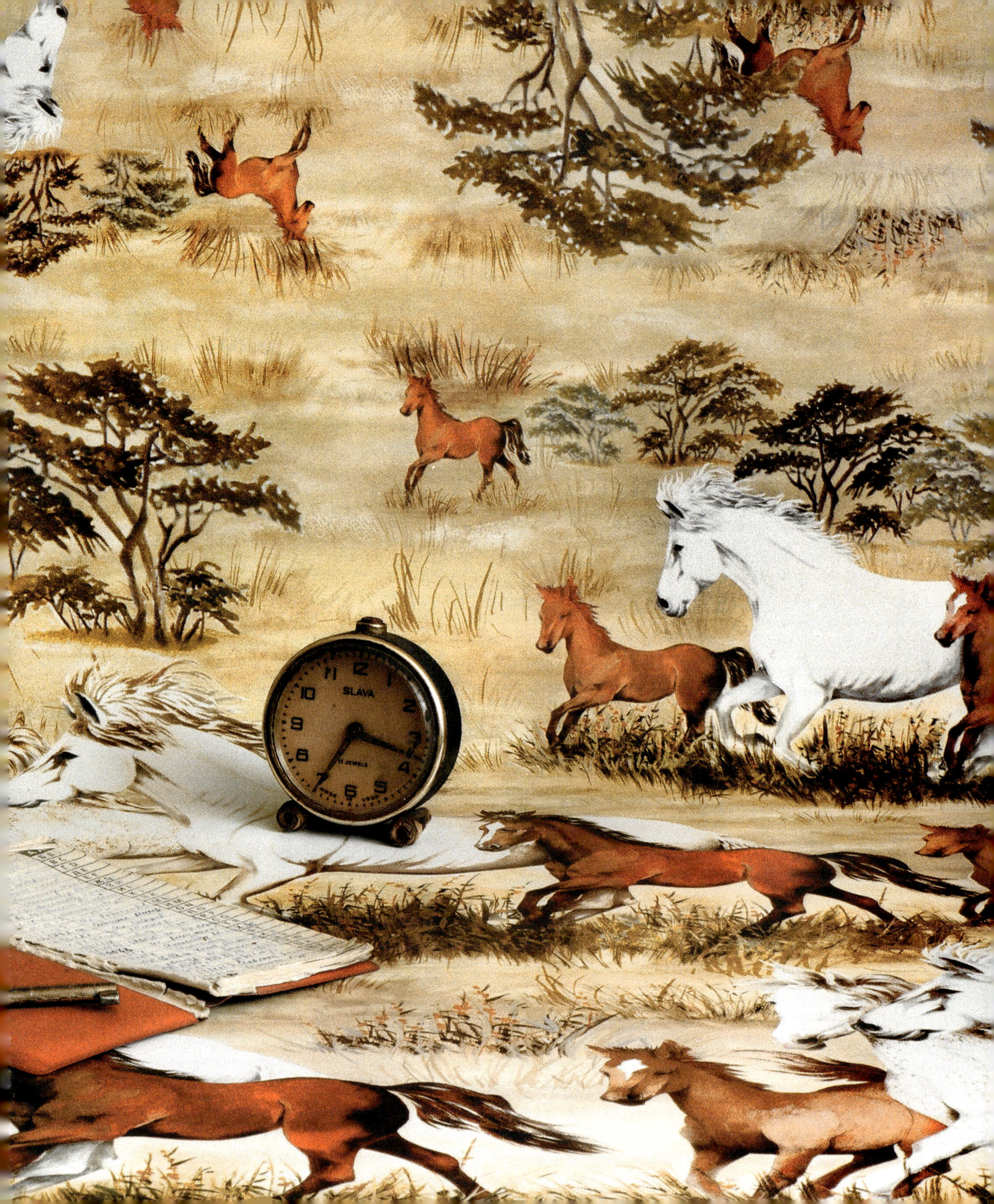

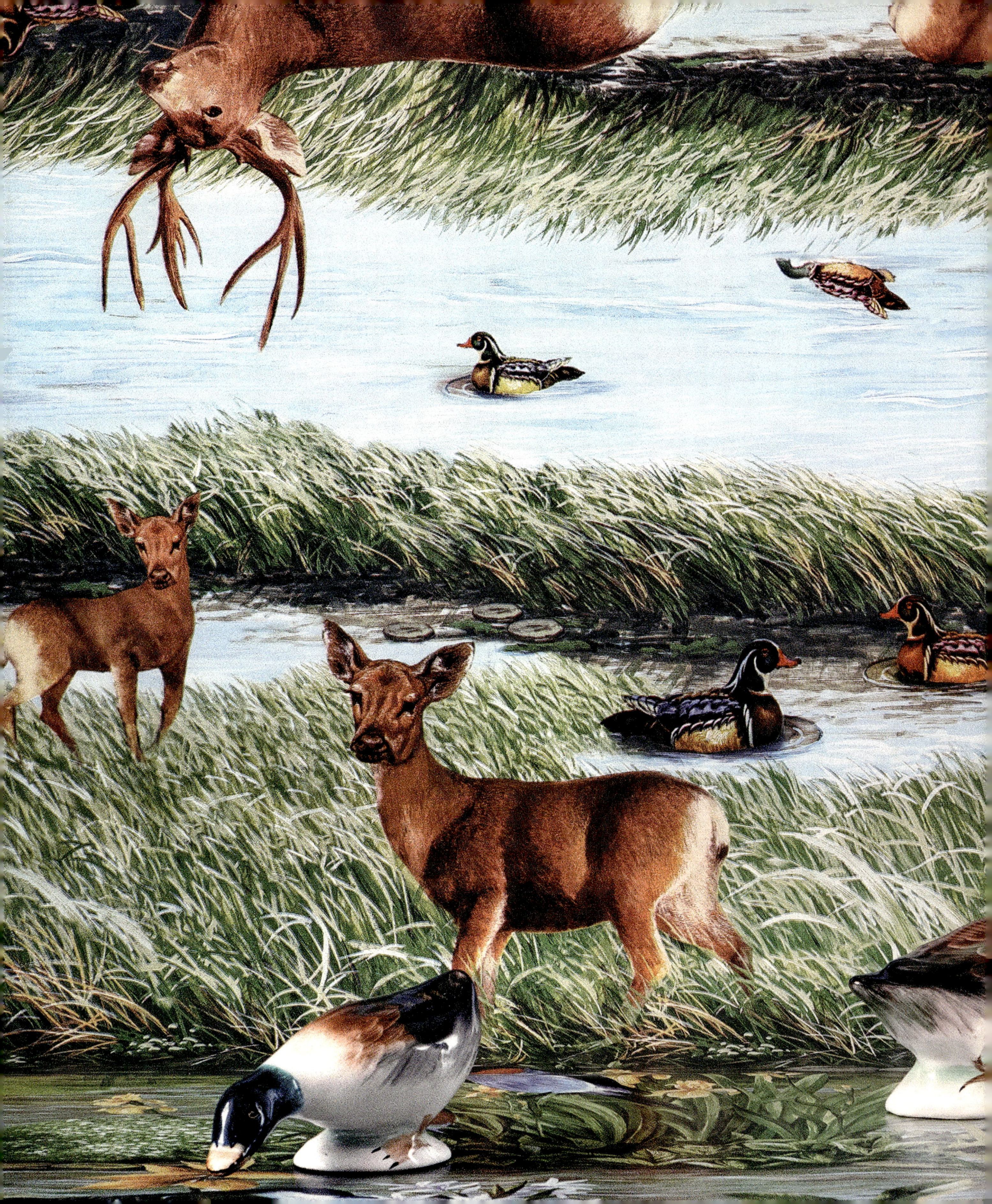

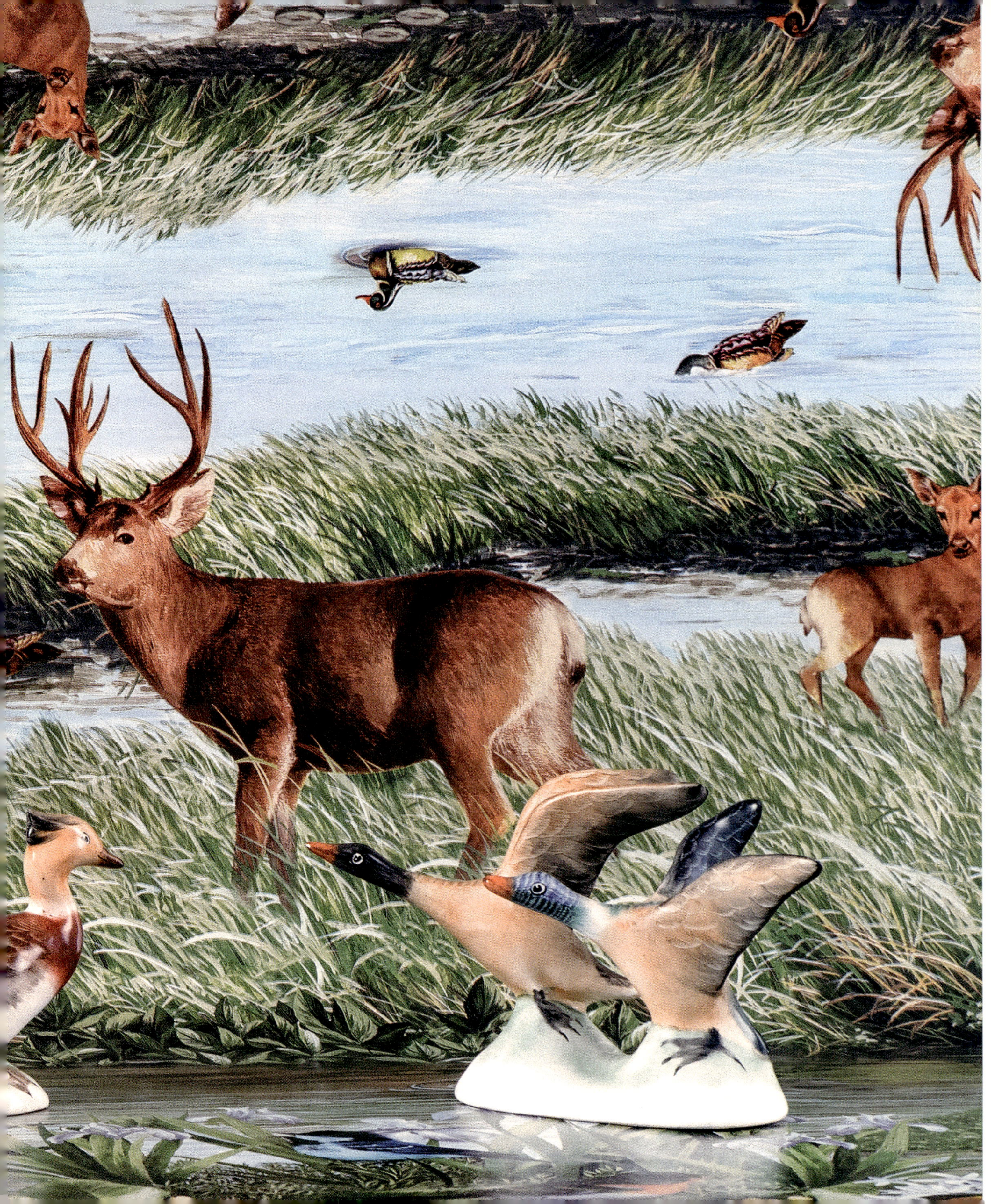

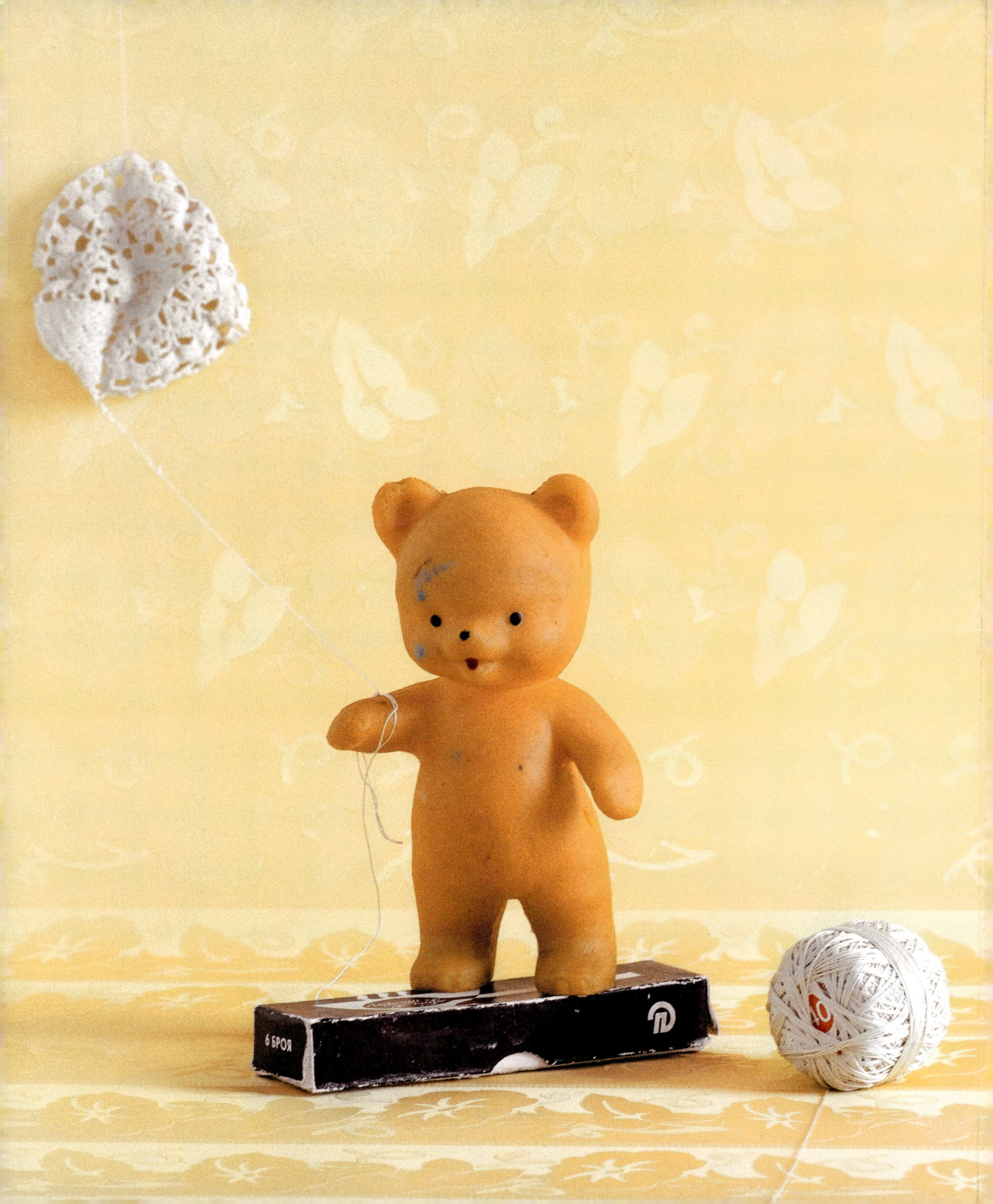
6 БРОЯ

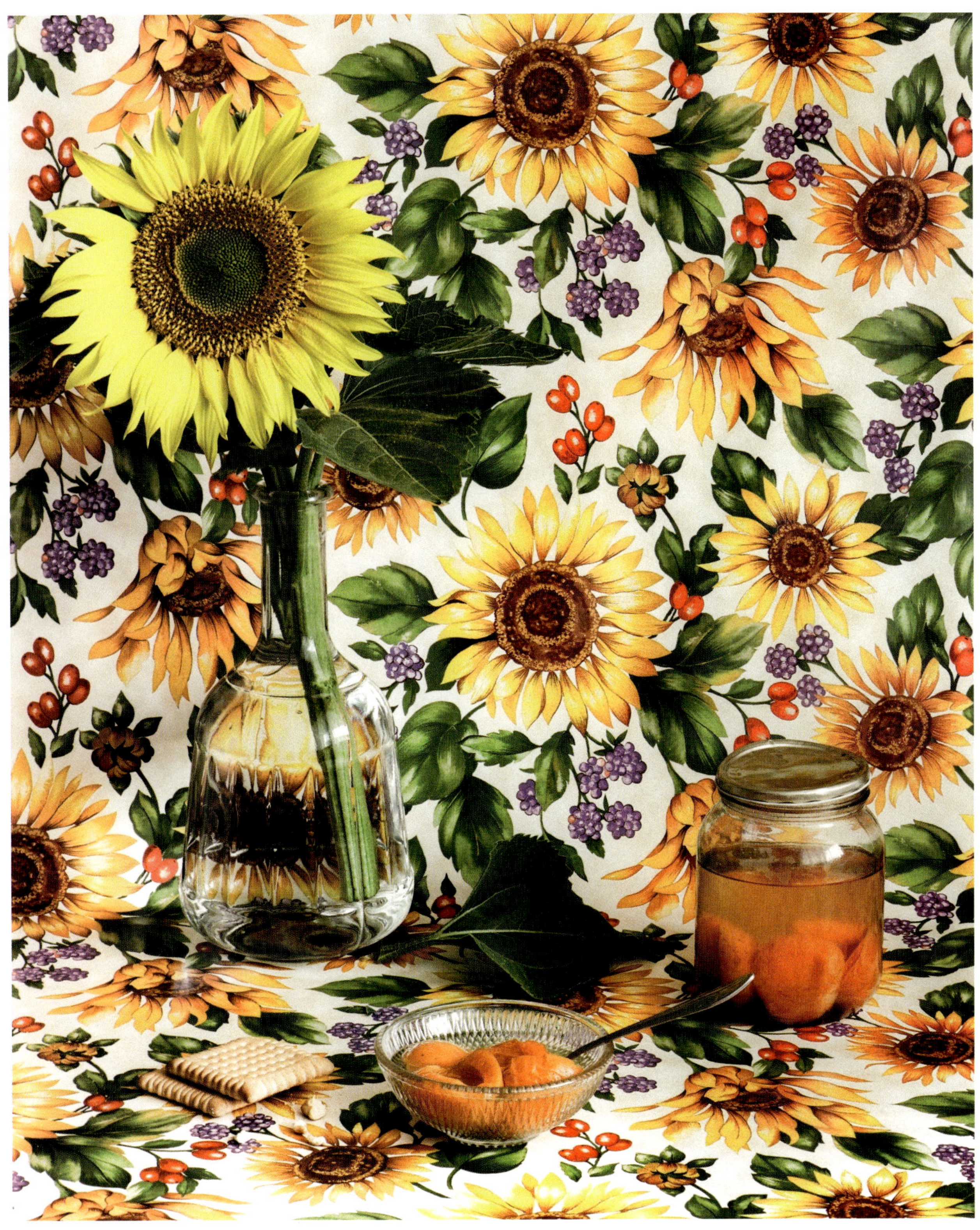

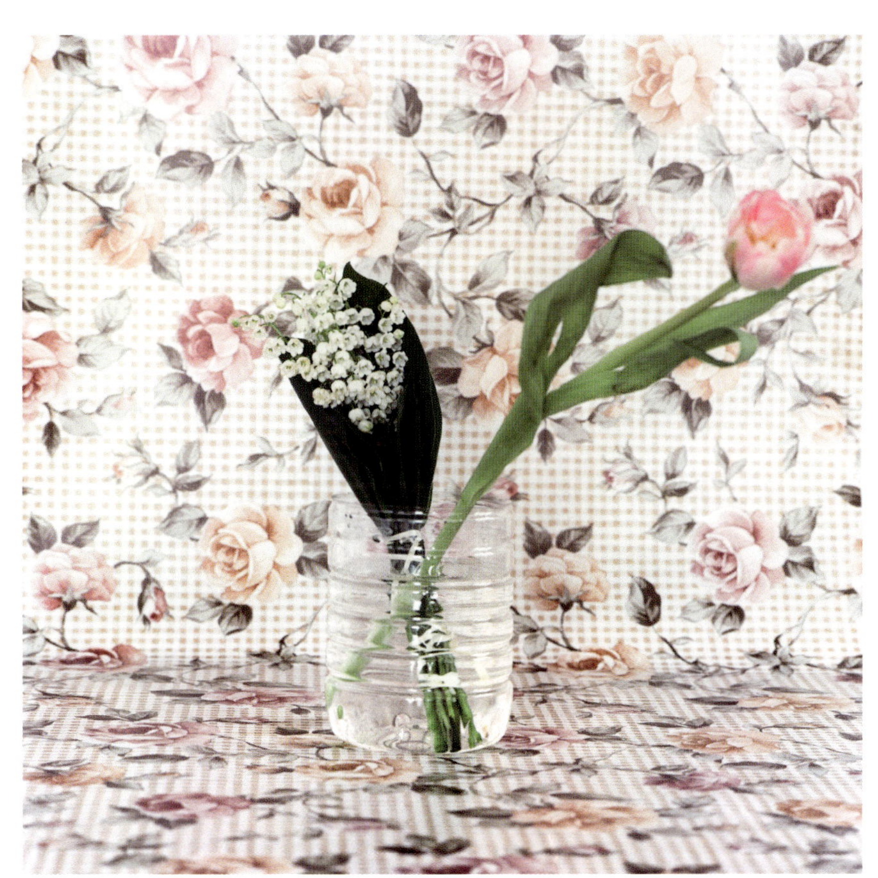

Edición / Edition
La Fábrica

Fotografías / Photographs
Eugenia Maximova

Diseño gráfico / Graphic designer
Olena Bulygina / Eugenia Maximova

Consultor de diseño / Design consultant
Ricardo Feriche

Traducción / Translations
Miguel Marqués, Lettera

Impresión / Printing and prepress
Tea Design Ltd., Bulgaria

Agradecimientos / Acknowledgements
Quiero dar las gracias especialmente a Christian Caujolle,
Regina Anzenberger, Teodora Atanassova, Alexander Atanassov,
Olena Bulygina, a mi marido, Karim Mirdamadi, y a todos
los que han hecho posible este libro.

Special thanks to Christian Caujolle, Regina Anzenberger,
Teodora Atanassova, Alexander Atanassov,
Olena Bulygina, my husband Karim Mirdamadi
and everyone who made this book possible

Printed in Bulgaria

ISBN
978-84-16248-15-5

Depósito Legal / Legal Deposit
M-15914-2015

LA FABRICA

Director General / General Manager
Álvaro Matías

Directora editorial / Editorial Content Manager
Camino Brasa

Director de Desarrollo / Development Manager
Fernando Paz

Coordinación / Coordination
Doménico Chiappe

Director de Producción / Production Manager
Rufino Díaz

Distribución / Distribution
Raúl Muñoz

La Fábrica
Presidente / President: Alberto Anaut

Verónica, 13
28014 Madrid
T. +34 91 360 13 20
edicion@lafabrica.com
www.lafabrica.com

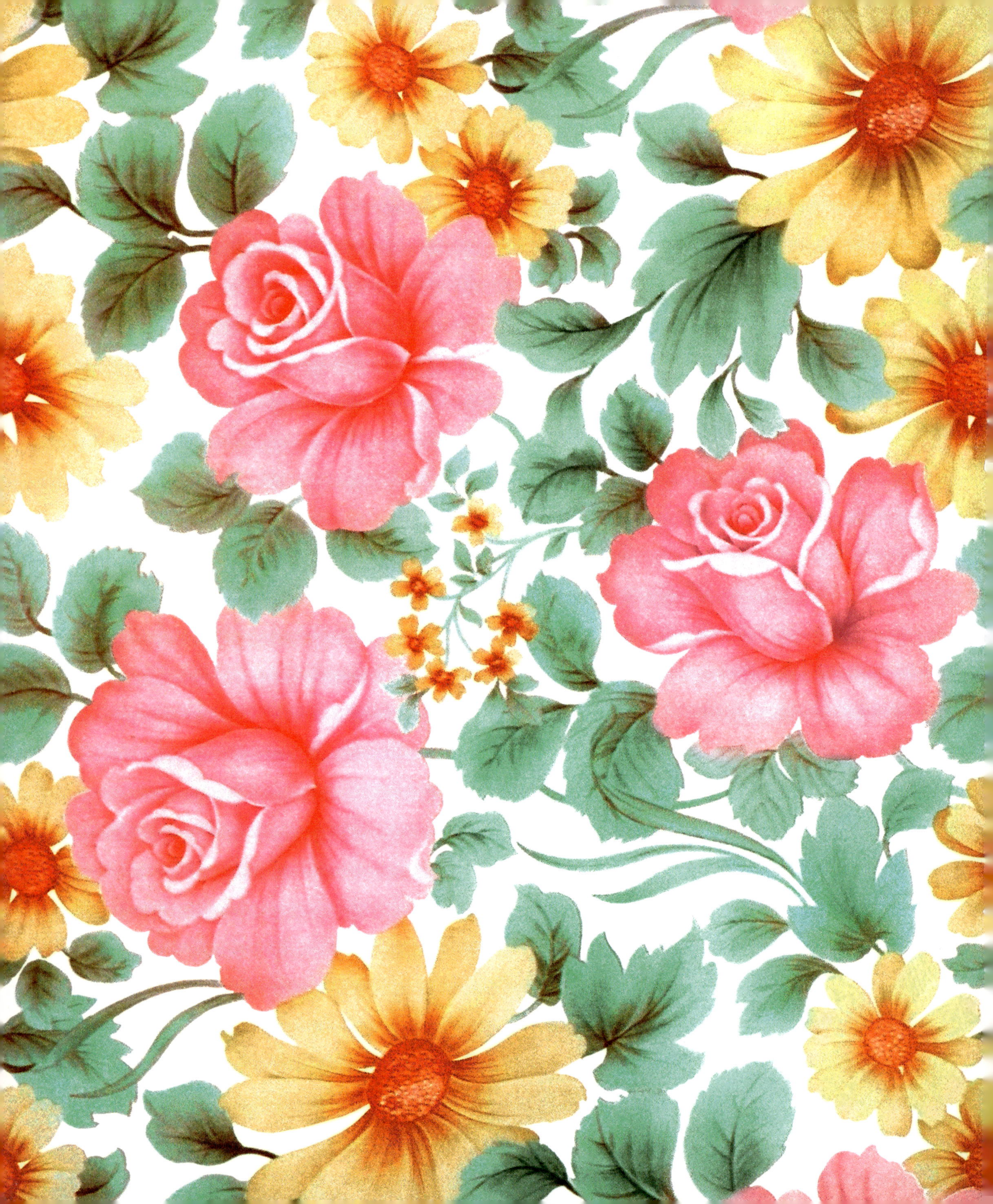